『通古察今』系列丛书

李帆 著

「夷夏之辨」和近代中国的民族国家认同

河南人民出版社

图书在版编目（CIP）数据

"夷夏之辨"和近代中国的民族国家认同 / 李帆著 . —
郑州 ：河南人民出版社，2020. 8（2024. 1重印）
（"通古察今"系列丛书）
ISBN 978 - 7 - 215 - 12407 - 3

Ⅰ . ①夷… Ⅱ . ①李… Ⅲ . ①民族主义 - 研究 - 中国 -
近代②民族国家 - 研究 - 中国 - 近代 Ⅳ . ①D092. 5②D63

中国版本图书馆 CIP 数据核字（2020）第 135665 号

河南人民出版社出版发行
（地址：郑州市郑东新区祥盛街 27 号 邮政编码：450016 电话：65788072）
新华书店经销　　　　永清县晔盛亚胶印有限公司印刷
开本　787 毫米 ×1092 毫米　　　1/32　　　印张　4
字数　57 千字
2020 年 8 月第 1 版　　　　2024 年 1 月第 3 次印刷

定价：48. 00 元

"通古察今"系列丛书编辑委员会

序　言

　　在北京师范大学的百余年发展历程中，历史学科始终占有重要地位。经过几代人的不懈努力，今天的北京师范大学历史学院业已成为史学研究的重要基地，是国家首批博士学位一级学科授予权单位，拥有国家重点学科、博士后流动站、教育部人文社会科学重点研究基地等一系列学术平台，综合实力居全国高校历史学科前列。目前被列入国家一流大学一流学科建设行列，正在向世界一流学科迈进。在教学方面，历史学院的课程改革、教材编纂、教书育人，都取得了显著的成绩，曾荣获国家教学改革成果一等奖。在科学研究方面，同样取得了令人瞩目的成就，在出版了由白寿彝教授任总主编、被学术界誉为"20 世纪中国史学的压轴之作"的多卷本《中国通史》后，一批底蕴深厚、质量高超的学术论著相继问世，如八卷本《中国文化发展史》、二十卷本"中国古代社会和政治研究丛书"、三卷本《清代理学史》、五卷本《历史文化认同与中国统一多民族国家》、二十三卷本《陈垣全集》，以及《历史视野下的中华民族精神》《中西古代历史、史学与理论比较研究》《上博简〈诗论〉研究》等，这些著作皆声誉卓著，在学界产生较大影响，得到同行普遍好评。

除上述著作外，历史学院的教师们潜心学术，以探索精神攻关，又陆续取得了众多具有原创性的成果，在历史学各分支学科的研究上连创佳绩，始终处在学科前沿。为了集中展示历史学院的这些探索性成果，我们组织编写了这套"通古察今"系列丛书。丛书所收著作多以问题为导向，集中解决古今中外历史上值得关注的重要学术问题，篇幅虽小，然问题意识明显，学术视野尤为开阔。希冀它的出版，在促进北京师范大学历史学科更好发展的同时，为学术界乃至全社会贡献一批真正立得住的学术佳作。

当然，作为探索性的系列丛书，不成熟乃至疏漏之处在所难免，还望学界同人不吝赐教。

北京师范大学历史学院
北京师范大学史学理论与史学史研究中心
北京师范大学"通古察今"系列丛书编辑委员会
2019 年 1 月

目　录

前　言

　　民族国家认同问题是政治史、思想史上的大问题。对中国而言，民族国家认同问题具有独特意义，因中国拥有数千年自主发展的文明史，政治形态、文化形态、思想形态乃至社会形态都独树一帜，固有的国家形态和政权格局更是在现代人常规的知识视野之外，具有天下国家、王朝国家相交织的特质和政统、道统相结合的体系，与众所公认的民族国家相距较远，而民族国家认同则是西力东侵、西学东渐的产物，并非传统中国的自然演化所引致。所以，研究近代中国的民族国家认同问题，须从古典中国的"夷夏之辨"起步，对华夏族或汉族认同、华夏族或汉族与其他民族的关系、天下国家与王朝国家的认同、中华民族的构建与认同、近代中国民族国家的兴起与发展等诸多问题展开探讨，方能有所创获。本书即基于这样的思路，围绕以上命题进行了初步讨论，特别是就近代民族国家兴起的最关键时期——辛亥革命前后的民族和民族国家认同问题，做了一些粗浅探索工作，以期有裨于相关研究的深化。

从天下国家到民族国家

（一）

作为世界上屈指可数的大国，中国有着数千年的文明史以及它所积淀的深厚文化，而且疆域广阔、民族多元，政治形态也呈早熟之状。在这样的国度里，民族认同、国家认同经历了非常复杂的过程，从古至今，一系列观念左右着人们的认同。在这些观念里，首先需要提及的便是"天下"观念。

一般认为，中国人的天下观是在夏商之时孕育出朴素的原型，到两周时期进一步发展成长。殷商卜辞中虽然没有"天下"这一词汇，但从史料和考古发现来看，商人显然已有"中央"和"四方"的方位观，商王在祖宗的庇佑下成为四方的统治者，这样的观念形成了此后中国人天下观的一个基本要素。"天下"一词应是在周初正式出现，《尚书·召诰》中有言"用于天下，越王显"。《召诰》的内容主要是周成王年长以后，周公告诫他的一番话，周公认为洛居"天下之中，四方入贡道里均"，[1] 宜为王都，并使召公营洛邑。所以《召诰》中的"天下"即向天子纳贡之"四方"。成王之后，以"天下"指"四方"的文辞一再出现。但到了西周末，讥刺幽王的《北山》诗中有了"溥天之下，莫非王土"之语，这样"天下"一词又有新意，即"普天之下"。从此，"天下"似乎可有广狭二义，既指"普天之下"，又指"四方"内的"中国"。[2]

对于"中国"这一概念，学者们也做过不少研究。于省吾教授考证："商代甲骨文没有或、国二字"。[3] 可见"中国"这个词在周代以前还没有出现。从目前已知文献看，"中国"二字连用最早可见于周初。1963

[1] 司马迁：《史记》卷四《周本纪》，中华书局1982年版，第133页。

[2] 参见邢义田：《天下一家——中国人的天下观》，刘岱总主编：《中国文化新论·根源篇》，台北联经出版公司1983年版，第441—442页。

[3] 于省吾：《释中国》，中华书局编辑部编：《中华学术论文集》，中华书局1981年版，第6页。

年在陕西宝鸡发现的西周铜器何尊铭文中有"宅兹中国"一语，在《尚书·梓材》中也有"皇天既付中国民，越厥疆土于先王"一语，何尊为成王时器，《梓材》也为成王时所作，故"中国"一词至少此时已然问世。此后的先秦典籍中也一再有"中国"出现。那么，"中国"二字的含义何在呢？有学者归纳了先秦各类记载，认为秦汉统一前"中国"称谓有五类含义：一是京师之意；二是国境之内之意，即所谓国中；三是诸夏之领域；四是中等之国之意；五是中央之国之意。而且占最大多数的，则为第三种以诸夏领域为范围者。[1]可见"中国"这一概念在先秦是多义的和在变化中的，但核心指的是"诸夏"。"诸夏"与周人由服制而来的内外层次观念相关。殷商的服制基本上只有内服、外服两层，周人发展为五服，但基本上也是内外两层，所谓邦内和邦外，即天子为中心、诸侯为外围、四夷为更外围的层状结构。这样，由亲而疏，由内而外，如《公羊传》所言"内其国而外诸夏，内诸夏而外夷狄"，诸夏以王室为中心，对夷狄而言是内，对王室

---

[1] 王尔敏：《"中国"名称溯源及其近代诠释》，《中国近代思想史论》，社会科学文献出版社 2003 年版，第 371 页。

而言又是外。这种相对的内外关系可以扩大，也可分出更多层次，故"诸夏"也处在变动之中。不过尽管如此，"诸夏"列邦有其活动区域，也就意味着"中国"这一名词有地理上的意义。

以"中国"指"诸夏"，"诸夏"外为"夷狄"，这样的说法，在地理方位上的意义之外，还反映了一种文化观念。《公羊传》（隐公七年）说：冬，"戎伐凡伯于楚丘，以归。凡伯者何？天子之大夫也。此聘也。其言伐之何？执之也。执之，则其言伐之何？大之也。曷为大之？不与夷狄之执中国也"。何休注曰："因地不接京师，故以中国正之。中国者，礼义之国也。执者，治文也。君子不使无礼义制治有礼义，故绝不言执正之，言伐也。执天子大夫而以中国正之者，执中国尚不可，况执天子之大夫乎！所以降夷狄尊天子为顺辞。"[1] 这里明确言"中国者，礼义之国也"，是以"礼义"界定"中国"之范围，而"不与夷狄之执中国也"，则表明"夷狄"与"中国"之别在于它的"无礼义"。"礼义"者，文化也，以"礼义"界定"中国"，实际表明

---

[1] 《春秋公羊传注疏》卷三，阮元校刻：《十三经注疏》下册，中华书局 1980 年版，第 2209 页。

了一种对"中国"的文化认同。有关"夷夏之辨"的一些说法，如孔子曰："夷狄之有君，不如诸夏之亡也。"孟子曰："吾闻用夏变夷者，未闻变于夷者也。"其核心意旨，皆是从文化观念出发区分夷和夏，换言之，是从文化观念上区分"夷狄"与"中国"。

由于"天下"有广狭二义，而"中国"既为地理概念，又有文化含义，所以"天下"与"中国"之间也不能完全画等号。前已言及，"天下"可以指"四方"内的"中国"，先秦时言"天下"而指"中国"者，大有人在。不过作为广义所指，则"天下"大于"中国"。就文化而言，周人取得了辉煌成就，连孔子也对此感叹："郁郁乎文哉，吾从周。"所以周人对自己的文化相当自豪，并逐渐看低那些文化迟滞不前的邦国，将其斥之为"蛮夷戎狄"。于是"在周人的观念里，天下就是由文化较高的华夏诸邦和落后的蛮夷所组成"。[1]如《国语·郑语》所载西周末时太史史伯之言，就较为明确地表达了这层意思，他说："当成周者，南有荆、蛮、申、吕、应、邓、陈、蔡、随、唐；北有卫、燕、狄、鲜

---

[1] 邢义田：《天下一家——中国人的天下观》，《中国文化新论·根源篇》，第448—449页。

虞、潞、洛、泉、徐、蒲；西有虞、虢、晋、隗、霍、杨、魏、芮；东有齐、鲁、曹、宋、滕、薛、邹、莒；是非王之支子母弟甥舅也，则皆蛮、荆、戎、狄之人也。非亲则顽，不可入也。"[1] 这里所言"非亲则顽"，将"蛮、荆、戎、狄"斥为"顽"，余者则为"亲"，实际是很明确地将天下的邦国分为了两类，即蛮夷诸邦与华夏诸邦。华夏诸邦是为"中国"，系"天下"的一部分。由于殷商时就认为己居天下之中，自称"中方"，所以"中国"虽为天下一部分，但处"天下"之中。当然，随着人们认知的发展，"中国""天下"的概念是可以扩展的。有学者已经指出："各时代的人所实际认知的地理意义的天下越宽，其具体的所指就越广。后来不论多少服或以其他名目呼之，要皆在某一界限划分较具根本区别的'内外'。在大多数时候，这一内外区分是与夷夏之辨关联呼应的。"[2] 这方面，《周礼》的记载可为佐证。《周礼·大行人》说王畿之外有六服，即"侯、甸、男、采、卫、要"，"九州之外，谓之蕃国"。对

---

[1] 《国语》卷十六《郑语》，上海古籍出版社 1998 年版，第 507 页。

[2] 罗志田：《先秦的五服制与古代的天下中国观》，《学人》第 10 辑，江苏文艺出版社 1996 年版，第 383 页。

于"要服"，郑玄注曰："要服，蛮服也。"[1]《周礼·职方氏》已有九服，王畿之外，有"侯、甸、男、采、卫、蛮、夷、镇、藩"九服;《周礼·大司马》有同名的"九畿"。贾公彦疏曰："云蛮者，縻也，以近夷狄，縻系之以政教。自此（即蛮服）已上六服，是中国之九州，自此已外，是夷狄之诸侯。"对"藩服"的解释是："云蕃（同藩）者，以其最远，故得蕃屏之称。"[2]这里所言"九州"指的是"要服"（或曰"蛮服"）以上的六服，即"中国"之谓，而"天下"则包含"九州"之外的"蕃国"，即"夷、镇、藩"三服，所谓"夷狄之诸侯"。显然"天下"大于"中国"，而且"中国"之界限关联着夷夏之别。由于"中国"已包含了"蛮服"，故比此前的"诸夏"范围要宽。至于对"藩服"的解释是因其最远，"故得蕃屏之称"，似乎表明蕃屏之外，仍有广大未可知的区域，则"天下"所指还可扩展。

秦统一后，中国人的天下观有所发展，概念更明晰了。汉代之时，"天下"有三层含义：最狭义的第一

---

[1] 《周礼注疏》卷三十七，阮元校刻:《十三经注疏》上册，中华书局1980年版，第892页。

[2] 《周礼注疏》卷二十九，《十三经注疏》上册，第835页。

层"天下"即所谓"赤县神州";第二层指作为国家的中国与它四周被称为"蛮夷"的各种部落所构成的世界;第三层以为中国之内有九州,中国之外更有大九州。[1]第一层含义显然与"中国"概念是重合的,第二层与《周礼》所言颇一致,第三层则将《周礼》言之未详的更广阔的世界包容进去,对中国人来说它们其实并不是一种真实的存在。此后,中国人的天下观总随世变而推移,但到近代之前,大体没有根本变化。在政治和文化角度,尤其是文化视角上,"天下一家"思想总是和"夷夏之防"观念相交织,即国力强盛时往往是"天下一家"思想占上风,国力衰弱时则更多强调"夷夏之防"。这样的天下观,与其说是地理意义上的,毋宁说是文化意义上的。

伴随着秦的统一,"中国"一词的含义也越来越明晰。秦汉之时,"'中国'一词已经具备了它在后来被长期使用的三层含义。一是指包括关东和关中在内的北部中国的核心区域;二是指中央王朝直接统治权力所及的全部版图,在这个意义上它实际指的已经是一

---

[1] 姚大力:《中国历史上的民族关系与国家认同》,《中国学术》第 12 辑,商务印书馆 2002 年版,第 193—194 页。

个国家；第三，它也是一种对汉族的称呼"。[1] 在这三层含义中，第二层含义尤其得到广泛认同。秦汉之后，视汉族建立的中原王朝为"中国"，似已成为共识。谁占有"中国"，谁就意味着"奉天承运"占有天下，居于正统地位。所以，不仅汉族王朝，少数民族入主中原后，也以"中国"自居；而汉族建立的王朝，即使远离中原地区，亦仍自称为"中国"。这方面例子很多，如五胡十六国和南北朝时期，匈奴、鲜卑、羯、氐、羌等部族都先后建立过政权。石勒、苻坚曾统一中国北部，据有长安、洛阳两京，自居"中国皇帝"，反指东晋为"司马家儿"与"吴人"；北魏政权也自称为"中国"，把南朝叫做"岛夷"，而南朝亦自称"中国"，却把北朝叫做"索虏""魏虏"。又如在宋代，辽与北宋、金与南宋，彼此都自称为"中国"，而互不承认对方为"中国"。此一情形表明，"中国"已成自居正统王朝者的共同符号。这不仅具有政治和地理意义，实际更反映出一种文化意义，因所谓"正统"，背后往往投射着"夷夏之别"的影子，即"中国"代表的是华夏正统，

---

[1] 姚大力：《中国历史上的民族关系与国家认同》，《中国学术》第 12 辑，第 193 页。

同时也代表着相应的文明。[1]

总之，"天下""中国"等概念可以做地理、文化等不同层面的解读。一方面，"天下中国观形成一个中心投影的图像。中国在投影的中心部位，从一个中心点向外辐射。统一国家的边界可以随国力的盛衰而伸缩。非汉族的部落被压缩在边缘地区，边缘的放大必然引起中心部位以更大的比例增长"。[2]另一方面，古代中国人实际是"将中国看成一文化体"。[3]这样一种情形，若以今日所谓"科学"的眼光来看，恰反映了中国传统观念语义含混的特性。

（二）

在古代，尽管人们早已有了"中国"意识，但却

---

[1] 例如，清乾隆年间已有朝鲜人认为"明朝后无中国"，强调所谓"中国"只是文明的意思，与地理、人种无关，而且朝鲜自认是"后明朝"或"小中华"。见葛兆光：《宅兹中国——重建有关"中国"的历史论述》，中华书局 2011 年版，第 155—156 页。

[2] 姚大力：《中国历史上的民族关系与国家认同》，《中国学术》第 12 辑，第 194 页。

[3] 邢义田：《天下一家——中国人的天下观》，《中国文化新论·根源篇》，第 452 页。

从来没有任何一个王朝或政权以"中国"作为正式国名，甚至有人认为中国根本无国名。[1] 姑且不论先秦，秦统一后，汉、魏、晋、隋、唐、宋、辽、金、元、明、清等都是不同朝代的称号，但这些朝代却没有一个国号或国名叫"中国"，如匈奴人在与汉朝廷交往的文书中称对方为"汉"或"大汉"，吐蕃、回纥等与唐会盟的盟文中称唐朝为"唐国"或"大唐国"，清政府与外国所签条约大多署国名为"大清国"。可见，在古人那里，王朝名称即代表国家名称，"王朝"和"国家"可以是等同的概念。

就认同而言，在古代中国的士大夫和读书人那里，王朝认同似乎是天经地义的事情。孟子曰："人有恒言，皆曰'天下国家'。天下之本在国，国之本在家，家之本在身。"[2] 士大夫和读书人对寄寓文化理想的"天下"的认同，落实在现实中便是对"国"的认同，而这个

---

[1]　如黄遵宪在《日本国志》中说："考地球各国，若英吉利，若法兰西，皆有全国总名。独中国无之。"见《日本国志》卷四《邻交志上一》，上海古籍出版社 2001 年版，第 51 页。

[2]　《孟子·离娄上》，陈戊国点校：《四书五经》上册，岳麓书社 2002 年版，第 96 页。

"国"在近代之前往往就等于王朝。[1] 当然，对普通人来说，王朝仍是个笼统概念，在"朕即国家"的时代，君主就是国家的化身、王朝的代表，"忠君"与"体国""报国"差不多是等同的概念，认同王朝实际上就等于是认同君主。对维护统治、稳定一家一姓的江山而言，认同君主的极端重要性是不言而喻的，所以"君权神授"的帝王论和"忠君报国"的道德论在古代中国始终居于统治思想的核心。然而，古人亦言"自古无不亡之国"，这里的"国"指的是王朝，改朝换代乃中国历史常态。改朝换代之际人们的认同表现，更能说明王朝认同的关键。南宋末年，宋朝皇室投降了蒙古，逃到南方的官员则组织了流亡朝廷，先后拥立过两个小皇帝；明末清初，崇祯帝自尽后，南明政权又存在了很多年。在这些组织流亡朝廷、拥立新皇的士大夫那里，支配他们如此行事的恐怕是"社稷为重，君为轻"的理念，即

---

[1]　有学者指出，近代以前，中国历史上的国家认同由三个层面构成：第一个层面集中体现于对在位专制君主的忠诚，皇帝就是国家；第二个层面聚焦于维持着属于某一姓的君主统系的王朝，王朝在则国家在，王朝亡则国家亡；第三个层面是对超越具体王朝而始终存在的政治共同体"中国"的认同。而"国家认同的核心"，"还是王朝认同"。见姚大力：《中国历史上的民族关系与国家认同》，《中国学术》第 12 辑，第 200—201 页。

正统君王可以不在，但"宗庙社稷"不能丢，而"宗庙社稷"就是一姓王朝。这恰证明王朝认同是当时人之国家认同观念中最核心的内容。众所周知，改朝换代之初，常有遗民现象出现，宋代以后尤为明显。支撑遗民行为和遗民心态的，就是这种王朝认同的观念。

认同己之所在的王朝，当然是由于士大夫认可它代表了天下的秩序，具有正统性。然何谓"正统"，是否所有王朝都具有正统性？这又是一个很有争议的问题。王朝兴替或分裂是中国历史上常有的现象，但无论是统一时期还是分裂时期，无论是地处中原、江南或边地的王朝，都自称"中国"，并将与之并存的其他王朝政权称为"北虏"或"南夷"，即"中国"代表着"正统"。那么，谁是"正统"自然是引发极大关注的问题。应该说，历朝历代都不乏关于正统问题的讨论。有学者分析了历代的正统观念，认为界定王朝的正统性，主要有三个要素：空间上的大一统、时间上的五德终始的循环论和种族上的内外族群之别。而且由于"中国王朝历史的更迭演变异常繁复，并非每个王朝在建立之初都需要按照以上的三要素统统核验一遍，而往往采取的是各取所需的态度。所以所谓'正统'三要素在实际的运行中只能当作一种'理想型'的模式加以观察"。[1] 也就是说，不同时代的各王朝对自身正统性的界定，都是依据自身情况和己之所需取舍这三个要素，并非千篇一律。但尽管如此，毕竟有此超越具体朝代的"正统"要素和与之紧密相连的"中国"概念存在，且为士大夫和读书人所共知，所以古人的国家认同理念也有不局限于具体王朝的一面，这一面即是认同具体王朝之上的代表"正统"的"中国"。

上述古人的王朝国家认同理念，说到底是一种自我认同，在华夏中心文化圈自我封闭之时，这样的理念始终占据统治地位或具有唯一性。明代中后期西方传教士开始来华，带来华夏文化圈之外的观察视角。此后直至清代，虽有闭关锁国之时，但西人来华已成大趋势，他们对明清两朝的观察，形成对中国王朝国家的一种他者认识。在明、清传教士的笔下，明清两朝均为"中华帝国"，简称"中国"。所谓"中华帝国"，固然是由于中国为帝制国家，但更主要的还是出于西方人对"帝国"的固有认识。在西方，有

---

[1] 杨念群：《何处是"江南"？：清朝正统观的确立与士林精神世界的变异》，生活·读书·新知三联书店 2010 年版，第 236 页。

古代罗马帝国和在中世纪一直延续的神圣罗马帝国，帝国在人们的意识中总是和广袤的领土、多元的族群、多种的文化相关联的概念，虽然是一个政治单元，但非属于单一的民族国家。传教士等西人所看到的明清中国，大体符合他们心目中的帝国形象，故以"中华帝国"称之，而且成为此后西人所用的共同称呼，形成一种他者认同。实际上这里存在着明显的文化误读。西方的帝国，尤其是中世纪时的帝国，并非是大一统的政治单位，内部有着多种多样的政治格局和相异的民族、文化认同，以至于后来在一个大帝国的版图之内导致诸多民族国家认同的产生，这样的帝国更像一个松散的政治、军事联合体，而且宗教信仰在其中发挥着关键作用。显然这和我们熟知的以"大一统"著称的帝制中国差别很大，甚至不可同日而语。另外，自古以来西方多国共存，帝国外还有其他国家，此乃人所共知之事；而古代中国以

"天朝"自居，[1] 在"天下国家"和"朝贡体制"的框架下处理与"外夷"的关系，即便承认有所谓的"外国"，但此一"外国"也是在朝贡体制下存在的，其内涵并非我们今日所了解的通行概念，即在主观上并不认可有能与"天朝"并列或平等的世界多国的存在。所以，在国家认同方面，明清时国人的自我认同和以西方传教士为代表的他者认同很难取得一致，即便是共同使用"中国"一词，其在各自心目中的内涵恐怕也大相径庭。

还需指出的是，视王朝为国家，基本是一种政治上的国家认同，但如前所述，中国自古以来还有"天下"认同，文化色彩浓厚。那么，当政治认同和文化认同相遇时，两者的关系如何处理呢？明清易代之际，顾炎武曾有一段名言，可以说明这个问题："有亡国，有亡天下，亡国与亡天下奚辨？曰：易姓改号，谓之亡国；仁义充塞，而至于率兽食人，人将相食，谓为亡

---

[1] 有学者做过统计分析，在清代的对外交往史料中，截至道光二十年（1840年）左右，即鸦片战争前后，谈及本朝（或本国）时，官方文件大体以自称"天朝"为主。见〔日〕川岛真：《从天朝到中国——清末外交文书中"天朝"和"中国"的使用》，《近代中国的国家形象与国家认同》，上海古籍出版社2003年版，第269—270页。

天下。……保国者，其君其臣，肉食者谋之；保天下者，匹夫之贱，与有责焉耳矣。"[1] 这里的"国"，是指一家一姓之王朝，维护它，乃"其君其臣"之事，"肉食者谋之"；而"天下"则指讲求仁义礼智信的文化集合体，是超越具体王朝并高于具体王朝的文化中国。所以，"亡天下"是比"亡国"更可怕的事情，是最根本的灭亡，故"天下兴亡，匹夫有责"，就像后世学者所言："盖以易朔者，一家之事。至于礼俗政教，渐灭俱尽，而天下亡矣。夫礼俗政教固自学出者也，必学亡而后礼俗政教乃与俱亡。"[2] 鉴于此，救亡必先救学，建国必先建学。学术兴，礼俗政教必兴，天下亦随之兴。很显然，在传统读书人心目中，王朝国家固然重要，但重要性比不上作为文化集合体的"天下"。进而言之，在他们那里，关于国家认同，恐怕文化认同是要高于政治认同的。

总之，在古代中国，王朝国家是常态，"王朝"等于"国家"；但与此同时，"国家"又有超越"王朝"的

---

[1] 顾炎武：《日知录·正始》，黄汝成集释：《日知录集释》，花山文艺出版社 1990 年版，第 590 页。

[2] 潘博：《国粹学报叙》，《国粹学报》1905 年 2 月 23 日第 1 期。

一面。所以在国家认同的理念上，人们往往能兼容二者。

（三）

所谓"民族国家"，其构成大体上是由民族生存的地域确立了国家的边界和合法性，国家为生存在同一地域的民族提供生存安全和保障，捍卫和保护民族生存的地域，是国家不可推卸的神圣职责。按照这一界定向前推导，民族国家应该自古就存在。有学者认为："从历史上看，具有边界即有着明确领土、具有他者即构成了国际关系的民族国家，在中国自从宋代以后，由于逐渐强大的异族国家的挤压，已经渐渐形成，这个民族国家的文化认同和历史传统基础相当坚实，生活伦理的同一性又相当深入与普遍，政治管辖空间又十分明确，因此，中国民族国家的空间性和主体性，并不一定与西方所谓的'近代性'有关。"与欧洲相比，中国自古以来就有相对固定的空间，尽管边缘比较模糊和不时移动，又有一直延续的政治王朝，还有始终稳定的文化传统，宋代以后更是逐渐突显出以汉族区域为中心的国家领土与国家意识，形成了"民族国家"的认同基础。[1] 然而需指出的是，这样的看法，毕竟是从我们当今的认知出发，套用"民族国家"的一般规则而得到的认识，并非古人的自我认同，"民族国家"也非古人所有的概念。对中国人而言，接触到"民族国家"的理念和实际，应是在晚清之时，即在西欧起步的近代民族国家已然形成或正在形成中，民族国家认同已是近代观念的时代。

近代民族国家的诞生以及由此而来的"民族国家认同"，与资本主义的出现、工业革命和商业贸易的繁荣等关联甚大。在西欧，当新兴的资产阶级无法再和封建国王合作时，他们开始以"全民族"的代表自居，掀起反封建的资产阶级革命。经过革命，或彻底打倒王权，或将王权置于象征地位，获得了自由、平等和人权，使从前的臣民变成了公民，国家利益取代了王朝利益。在推倒封建王朝国家的进程中，人们产生了民族国家即"祖国"的意识，认同民族国家而非王朝国家。而且由于民族和国家混一的现象主要产生

---

[1]　葛兆光:《宅兹中国——重建有关"中国"的历史论述》，第25—26页。

于近代欧洲，单一民族构成的国家相对集中于此，于
是出现了"一民族一国家"的观念，将民族与国家的
重合视为理想化的共同体。另外，因为"民族国家"
大多是在有了"主权国家"概念后产生的，一般遵循
主权国家原则而建，故民族国家基本也是主权国家。
所谓"主权国家"，是1648年《威斯特伐利亚和约》签
订时出现的概念。当时三十年战争给欧洲带来了毁灭
性的破坏，各国为寻求和平共处之道，签订了这一和
约，接受了主权的概念。几乎所有的小国都在条约上
签字获得了主权，正式成为了主权国家。一般而言，
主权国家的构成要素是人口、领土、政权、主权，主
权国家的基本权利是独立权、平等权、自卫权、管辖权，
主权国家是国际法的主体，在国际社会中享有国际法
确认的权利并承担相应的义务。可以说，近代世界秩
序便是由以主权国家为基本单位的集合体所形成的。

对中国而言，无论是"天下国家"，还是"王朝国
家"，都很难与近代欧洲出现的民族国家或主权国家
相提并论。尽管古代中国也有人口、领土、政权等要
素，可以为民族国家或主权国家认同提供基础，但近
代民族国家或主权国家则需要国家权力无限地、同质

性地渗透到疆域内的每一个地方，形成一元化的统一体，从而确立领土和国家主权，确保国家之间独立、平等。很显然，古代中国在内部的整合上，达不到这样的程度，在处理与"外夷"的关系时，又囿于"天下国家""朝贡体制"的框架，即便承认有所谓的"外国"，也是在朝贡体制下存在的，即在主观上并不认可有能与"天朝"并列或平等的世界多国的存在。故在中国自身的发展轨迹上，无论如何也企及不了近代民族国家或主权国家的目标，恐怕只有靠外力的推动，方能走上民族国家建设之途。而所谓"外力"，首先就是已成为民族国家的欧洲诸国。它们的东来，不仅使中国人改变了固有的国家观念，而且迫使中国统治者不得不接受它们制定的国际交往准则，不再固守"天下国家"的一切，而向民族国家过渡。

在中国历史上，各王朝都有对外交往的情形，逐渐形成一套体系与制度，明清两代制度尤为严密。这一制度的主体就是朝贡体制和宗藩贸易，反映的是"天朝上国"与藩属的关系，尤其是与近邻国家的关系。清代中叶以后，随着强盛的西方势力的东来，这样的制度体系遭遇前所未有的挑战。乾隆五十八年（1793

年），英国马戛尔尼使团来华，这是"第一个爆发工业
革命的国家和最杰出的文明国家之间高傲的相遇"。[1]
此时的英国，亟欲叩开中国门户，要求开埠通商、遣
驻使节，清廷则仍守旧例，对英方以外夷朝觐视之，
要求使臣向皇上行三跪九叩之礼。结果自然是不欢而
散，英方的期望全然落空。嘉庆二十一年（1816 年），
英国再次派阿美士德出使中国，准备继续马戛尔尼未
竟的事业。清廷仍坚持三跪九叩的接见仪式，英国使
团不能接受，嘉庆帝一怒之下，下令驱逐英使。这样
的"礼仪之争"，其实质是作为民族国家（主权国家）
的英国与作为"天朝上国"的中国相遇时，恪守各自
规则所必然导致的一个结果。对处在资本主义时代、
急于拓展世界市场的英国而言，打开中国大门乃势在
必行之事，当谋求通商，甚至利用罪恶的鸦片贸易也
无法达到目的时，便选择诉诸武力，用军事强权向"天
朝"发起攻击，使古老的中国陷入了空前的危机。

鸦片战争的失败和《南京条约》的签订，令中外
之间传统的朝贡关系开始向近代条约关系转变，加之

---

[1] 〔法〕佩雷菲特：《停滞的帝国——两个世界的撞击·前言》，生活·读
书·新知三联书店 1993 年版，第 1 页。

之后的《望厦条约》《黄埔条约》的签订，使得近代第一批不平等条约制度的基本框架初步形成。这批条约践踏了中国的领土和主权，但谈判签约的大臣和批准条约的皇帝对此并无认识，只看作是"天朝"对"岛夷"的"施恩"。领土和主权是近代主权国家的基本要素，是国家根本利益所在，而天朝体制重负下的清廷仍以处理"夷务"的方式对待领土的被割裂和各项权利的被侵害，并未将之视为国家根本利益的丧失。这说明在西方列强的强力驱使下，中国虽被迫卷入近代世界秩序中，但统治者主观上尚无进入世界秩序的自觉，仍以"天朝上国"和朝贡体制的心态对待已是近代民族国家的西方列强。

面对鸦片战争的失败和《南京条约》的丧权辱国，当然并非所有人都无动于衷，士大夫中的极少数先觉者率先从闭关自守、昧于外情的状况中幡然醒悟，开始冲破藩篱，在忧患中观察外部世界。林则徐、魏源、徐继畲等是这批人的代表，他们编纂了一些介绍世界史地的书籍，把"天朝"外的列国介绍给国人。通过他们的介绍，人们初步意识到，将自己的国家视作"天朝上国"是虚妄的，中国只是世界各国中的一员；除中国外，地球上还有五大洲、四大洋和许多大小不等的国家；这些国家都有自己的疆域、历史和社会生活，在经济、科技等方面分别都取得了不同的成就，也有值得中国师法之处。这类开眼看世界的举措，意味着传统的夷夏观念将被打破，近代国家观念必然出现。

从时人所用的词汇看，鸦片战争时期人们还是普遍以"夷"来称呼这些外来的入侵者，有识之士亦是如此称呼，如魏源所言"师夷之长技以制夷"[1]之类。直到第二次鸦片战争之时，1858年的《中英天津条约》第51款规定："嗣后各式公文，无论京外，内叙大英国官民，自不得提书夷字。"[2]即不得把英国人蔑称为"夷"。这当然仅是官方的规定，不能据此认为在针对外国人时，人们就此摆脱了夷夏之别的思想观念。1860年左右，"洋"字的使用开始慢慢多了起来，逐渐取代了"夷"字。一些有识之士也呼吁不要再用夷夏之别的老眼光看待新的中外交往，如王韬就认为

---

[1] 魏源:《海国图志》卷一,《魏源全集》第4册,岳麓书社2004年版,第1页。

[2] 《中英天津条约》,《筹办夷务始末（咸丰朝）》(三),中华书局1979年版,第1023页。

将外人武断地称为"夷"是很荒谬的："自世有内华外夷之说，人遂谓中国为华，而中国以外统谓之夷，此大谬不然者也。禹贡画九州，而九州之中，诸夷错处。周制设九服，而夷居其半。春秋之法，诸侯用夷礼则夷之，夷狄之进于中国者则中国之。夷狄虽大曰子。故吴、楚之地皆声名文物之所，而春秋统谓之夷。然则华夷之辨，其不在地之内外，而系于礼之有无也明矣。苟有礼也，夷可进为华；苟无礼也，华则变为夷。岂可沾沾自大，厚己以薄人哉？"[1] 虽然王韬所言乃古人之老生常谈，但在此时出之，实有针对现实的深刻用意，显示出在中外关系方面，希望能够摆脱夷夏之别的固有窠臼而走向现代国家关系的强烈意愿。再如洪仁玕在《资政新篇》中亦说，在中外往来文书中，所谓"万方来朝、四夷宾服及夷狄戎蛮鬼子一切轻污之字，皆不必说也。盖轻污字样，是口角取胜之事，不是经纶实际，且招祸也"。[2] 即中外交往中对外国的

---

[1] 王韬：《华夷辨》,《弢园文录外编》卷十，中州古籍出版社1998年版，第364页。

[2] 洪仁玕：《资政新篇》，"中国近代史资料丛刊"《太平天国》第2册，上海人民出版社1957年版，第528页。

蔑称，实为口舌之争，无关事实，徒招祸端。这些都表明当时的有识之士力图冲破夷夏之别的藩篱，从"华夏中心"的观念中走出来，以平等务实的态度处理中外关系。不过尽管如此，这毕竟仅是极少数先进士人的清醒认知，绝大多数国人还未摆脱习以为常的固有之见，有待西方近代国家观念的输入和有识之士的引导，方才能走上国家认识的新途。

在输入西方近代国家观念方面，在华外国人起初起到重要作用。第二次鸦片战争后，清王朝被迫增开商埠，允许外国公使驻京。同治十二年（1873 年），英、法、美、俄、荷兰公使和日本大使，以五鞠躬礼觐见同治皇帝，呈递国书，打破了长期以来外国人面见中国皇帝必须三跪九叩的旧习，亦即打破了清王朝视西洋诸国为朝贡藩国的天朝体制。也就是说，传统的"夷夏之防"终于被冲破，中国不得不接受了西方设定的"世界－国家"秩序。然而，这一事实上的变化，并不代表中国人观念上的同步变化。于是，此时纷至沓来的西方传教士、商人、外交官等，就起到了观念引导作用，他们中的某些人开始把一些西方观念传入中国，而近代国家观念便是其中一个重要内容。在介绍西方近代国家观念方面，由英国传教士傅兰雅口译、应祖锡笔述的《佐治刍言》是一部重要著作。该书于1885年由江南制造局刊行，比较系统地介绍了西方的政治思想和国家思想，如对天赋人权和民主平等思想进行了专门解说，运用社会契约论来诠释国家的出现，将国家政体分为君主国、民主国等类别，并特别赞赏民主制，认为任何国家采用此政治制度都能够循序渐进而臻于完善。此外，一些来华西方人所办的中文报刊也对西方近代国家观念的介绍有所贡献，这方面最有影响的是由美国传教士林乐知主编的《万国公报》。在《万国公报》所发表的文章中，有对"主权在民"思想的介绍，说泰西各国"治国之权，属之于民"，"主权在民"是泰西立国"最关紧要"的"不拔之基"，即强调国家的权力来源于人民，人权是国家权力的基础；也有对三权分立学说的介绍，说泰西宪法中最重要的条款是"分行权柄"，把行政、司法、立法三权译为"行政""掌律""议法"，认为西方国家制度形式上虽有差别，但实施三权分立原则则相同，并把此类国家称为"民主国"或"宽政之国"；还有对西方国家政体的介绍，重点谈了英国的君主立宪制和议会民主制，并委婉地对中国的君主专制政体提出批评，期望清廷能改弦更张；等等。这些介绍，尽管只是普及层面的工作，而且不无浅薄之处，但对当时的中国士人而言，无疑具有启蒙作用，触发人们转变天朝观念，思考国家的将来和命运。

除在华西方人的传播外，驻外使臣在西方的实地观察和早期改良人士对西方国家制度的介绍，也是促使国人形成新的国家观念的重要因素。第二次鸦片战争后，清廷为应对世变，开始派员出国考察游历，并自 1876 年起正式派遣使臣常驻外国。这些朝廷使臣通过在西方国家的社交活动和实地观察，对西方的国家制度有所认识，纷纷以日记、书札、奏稿、著述等形式，表达自己的观感和所思所想。如在对各国政体的观察上，出使英、法、意、比四国的大臣薛福成就说："地球万国内治之法，不外三端：有君主之国，有民主之国，有君民共主之国。"经过认真比较，他认为君主国与民主国皆有其弊，而君民共主之国，除君主世袭其位外，与民主国差别不大，"无君主、民主偏重之弊，最为斟酌得中"。[1] 首任驻英公使郭嵩焘也说："西洋政教以民为重，故一切取顺民意，即诸君主之国，大政一出自议绅，民权常重于君。"[2] 并表达了对西洋政教重民、顺民、民权重于君权的认同之意。这样的观察和认识，对于中国近代国家观念的萌生，无疑成为重要的思想资源。

较之于尽忠职守的驻外使臣，早期改良人士多活跃于民间，较少受庙堂之上的制约，所以思想也更为活跃，介绍西方国家制度更为全面系统，甚至发出变革君主专制政体的微弱呼声。如郑观应就主张在中国实行君主立宪制，他说："泰西有君主之国，有民主之国，有君民共主之国，虽风俗各有不同，而义理未能或异。"[3] 在三种政体之中，他最为欣赏君民共主即君主立宪之制，认为在这种政体下，"凡有国事，先令下院议定，详达之上院。上院议定，奏闻国主。若两

---

[1] 薛福成：《出使英法义比四国日记》，岳麓书社 1985 年版，第 286、536—538 页。

[2] 《郭嵩焘日记》第 3 卷（光绪四年四月十八日，1878 年 5 月 19 日），湖南人民出版社 1982 年版，第 506 页。

[3] 郑观应：《易言·论公法》，《郑观应集》上册，上海人民出版社 1982 年版，第 65 页。

院意议符合，则国主决其从违。倘彼此参差，则或令停止不议，或覆议而后定。故泰西政事举国咸知，所以通上下之情，期措施之善也"。而且他还认为这样的制度"颇与三代法度相符"，为此，"所冀中国上效三代之遗风，下仿泰西之良法，体察民情，博采众议。务使上下无扞格之虞，臣民泯异同之见，则长治久安之道，固有可豫期矣"。[1]这里以"效三代之遗风"为名，是为了扫除在清王朝仿西法的政治与文化障碍，其落脚点实为"仿泰西之良法"，建议在中国实行君主立宪之制。不仅郑观应，王韬也是如此，颇为钟情君主立宪之制。王韬还具有初步的国家主权思想和国家平等观念，他注意到外国人在中国所取得的"额外权利"，实损害中国利益，指出："夫额外权利不行于欧洲，而独行于土耳机、日本与我中国。如是则贩售中土之西商，以至传道之士，旅外之官，苟或有事，我国悉无权治之。此我国官民在所必争，乃发自忠君爱国之忱，而激而出之者也。故通商内地则可不争，而额外权利则必屡争而不一争，此所谓争其所当争也，公也，直

---

[1] 郑观应：《易言·论议政》，《郑观应集》上册，第103页。

也。""夫我中国不能以有益者尽与英人，犹英国不能以有益者悉畀我中朝也。去取之间，盖在当轴者明其公私曲直而已。"[1]"额外权利"即今日所说之治外法权，于国家主权危害甚大，所以王韬呼吁力争，并主张以平等相待原则处理中英关系。这样的论述，至少表明近代国家观念益发得到认知和认同。因为对近代民族国家而言，主权是最基本的属性，是国家具有的独立自主地处理对内和对外事务的最高权力。王韬认识到主权的重要性，无异于认识到民族国家建设的根本点。

实际上，主权观念能在晚清为士人所知，与国际法的传播密不可分。起源于欧洲的近代国际法是国家在相互关系上的行为规范。对面临着西方列强侵夺的中国而言，要抵御外侮，同时在国际社会立足，就需知道和了解国际法。同治三年（1864 年），美国传教士丁韪良主持翻译的《万国公法》刊行问世，该书译自美国法学家惠顿的《国际法原理》。《国际法原理》乃西方公认的国际法权威之作，内容涉及国际法本义和

---

[1] 王韬：《除额外权利》，《弢园文录外编》卷三，第 151 页。

源流、诸国自然之权、平时往来之权、交战条规等。《万国公法》是近代国际法学说首次被完整介绍到中国的产物；中文中的"权利"（right）、"主权"（sovereignty）等语词也是由本书首先发明的，并在此后成为现代中国政治话语的核心概念。[1] 对于以《万国公法》为代表的国际法的输入，开明士人和出国使臣大都表示欢迎，希望借此使中国成为国际社会中的平等一员，因国际法的存在是以承认有主权国家并存的事实为前提的，若无主权国家并存，国际法也就没有存在的必要。所以国际法在中国的传播，既进一步动摇了中国传统的夷夏观念，使国人认清诸国并立的国际局势；又能启迪国人依据法律准则，形成国家主权意识，从而进一步催化近代国家观念的生成。与此相关，一些新的机构和语词的出现，也在事实层面反映着国家观念的更新。众所周知，清廷处理对外事务的机构主要为理藩院和礼部，这两个机构本身就体现着天朝意识和上国心态，但到了 1861 年，新设立的总理各国事务衙门，成为处理各种中外事务的专门机构。其行政职能的核

---

[1]　参见刘禾：《帝国的话语政治：从近代中西冲突看现代世界秩序的形成》，生活·读书·新知三联书店 2009 年版，第 171 页。

心，实际是处理国与国之间的外交关系。[1] 而"外交"一词也出现于光绪五年（1879年）薛福成之《筹洋刍议》一文中，被用于国际关系问题的讨论上，且一直沿用至今。[2] 由此可见，中国传统的夷夏观念与"天朝上国"心态一再被超越和放弃。

从民族国家观念在晚清中国的呈现进程来看，上述诸种思想理念为其形成奠定了基础，而甲午战争后的时代格局和知识精英的努力才促使其最终成型，并逐渐得到广泛认同。

甲午战争中，作为"天朝上国"的中国败于"蕞尔小国"日本的现实令人震惊，战后《马关条约》的签订，使得亡国灭种的危机感和再难立足于世界的耻辱感，普遍笼罩在国人的心头。有识之士已经认识到甲

---

[1] 在当时传教士所编的英汉对照工具书中，"总理各国事务衙门"被译为"外交部"（Foreign Office 或 Foreign Ministry），"总理各国事务大臣"被译为"外交部长"（Minister of Foreign Affairs）。有时，其他国家的外交部也被时人称为"总理各国事务衙门"。见方维规：《"夷"、"洋"、"西"、"外"及其相关概念：晚清译词从"夷人"到"外国人"的转换》，〔德〕朗宓榭等著，赵兴胜等译：《新词语新概念：西学译介与晚清汉语词汇之变迁》，山东画报出版社 2012 年版，第120 页。

[2] 王尔敏：《十九世纪中国国际观念之演变》，《中国近代思想史论续集》，社会科学文献出版社 2005 年版，第 77 页。

午战争是中国历史的一个重大转折点，"吾国四千余年大梦之唤醒，实自甲午战败割台湾、偿二百兆以后始也"。[1] 这样的认识，表明国人的民族意识已被迅速唤醒，由此必然带来民族主义的勃兴和近代民族国家观念的形成。

1895 年 5 月初，当《马关条约》签订的消息传到京师时，正在北京应试的康有为邀约 18 省 1300 余名举人联名上书，恳请光绪皇帝"下诏鼓天下之气，迁都定天下之本，练兵强天下之势，变法成天下之治"，以求"立国自强""保疆土而延国命"。[2] 这一举动，便是当时令举国震惊的"公车上书"。有学者统计，在 16 000 余字的"公车上书"中，"国"字竟出现了 159 次，占整篇文字近百分之一；在这些谈论"国"的文字中，除称呼中国、英国、俄国等国名外，国家、国体、国势、立国、亡国、列国、外国等给"国"赋予近代意义的词汇比比皆是，特别是"雪国耻"和"列国并立"的观

---

[1] 梁启超：《戊戌政变记》，《饮冰室专集》之一，《饮冰室合集》第 6 册，中华书局 1936 年版，1989 年影印，第 1 页。

[2] 康有为：《上清帝第二书》，姜义华、张荣华编校：《康有为全集》第 2 集，中国人民大学出版社 2007 年版，第 32、33 页。

念十分突出。[1] 从"天朝上国"到"列国并立",对国家、世界知识的如此描述,自然是反映了时人国家观念的根本变化,而其体现在由1300余名举人联名的上书中,更说明这一变化已非往日少数知识精英的孤立认识,而是几乎成为读书群体的共识。

"公车上书"之后,康有为又在1898年4月创立了保国会。在《保国会章程》中,开宗明义就介绍其宗旨:"本会以国地日割、国权日削、国民日困,思维持振救之,故开斯会以冀保全,名为保国会。"其他条文也一再强调要"保全国地、国民、国教","保国、保种、保教",等等。[2] 这里提到的"国地""国权""国民"等概念,相当于主权国家的核心构成要素"领土""主权""人民"。拥有确定的领土、人民和独立的主权,三者合一,即标示一个主权国家或民族国家的存在,这是西方近代国家学说所公认的。所以,保国会要保全这三者,意味着所保的对象已

---

[1] 参见李华兴等:《索我理想之中华:中国近代国家观念的形成与发展》,安徽教育出版社2005年版,第188—189页。

[2] 康有为:《保国会章程》,姜义华、张荣华编校:《康有为全集》第4集,中国人民大学出版社2007年版,第54—56页。

是近代意义上的主权国家或民族国家，而非传统延续下来的大清王朝，表明其国家认同在观念层面上已走出王朝国家认同的窠臼，而到达近代民族国家的境地。正因为此，保国会才会被顽固派攻击为是"保中国不保大清"。保国会活动的时间虽然短暂，但它的主张却对时人近代国家观念和主权意识的形成发挥了启蒙作用，更为随后变更国体的尝试——戊戌维新，提供了思想武器。戊戌维新尽管失败了，但它试图废弃君主专制的国家制度，以从西方引入的近代议院、国会、宪法等民主制度取而代之，建立起君主立宪体系，这样的努力本身，即证明近代民族国家理念已为维新志士所彻底接受。

戊戌维新前后，是近代民族国家理念传播的关键时期，维新志士以及各界知识人士，以不同方式传播这一理念，报纸、杂志、书籍等在其中起了巨大作用。如维新人士所创办的《时务报》《国闻报》《知新报》《湘报》等数十家报刊，皆以饱满热情宣扬近代民族国家观念。与此同时，国人大量翻译、编译和自撰的各类书籍，也都不遗余力地传播近代世界与国家观念，为在中国建立民族国家做了充分的知识准备。如新政初期时发行量极大的教科书，即起着这样的作用，像当时的本国史、西洋史之类的教科书，就促使读书人思考"中国""世界"等概念的意义，不断扩充与民族国家相关联的知识积累。

在讨论民族国家的诸多问题时，知识精英们就中国国家之名称、国家与世界之关系等关联民族国家建构的核心问题，展开了充分论说。

前已言及，在古代，尽管人们早已有了"中国"意识，但却从来没有任何一个王朝或政权以"中国"作为正式国名。黄遵宪甚至说："考地球各国，若英吉利，若法兰西，皆有全国总名。独中国无之。"[1] 梁启超也说："吾人所最惭愧者，莫如我国无国名之一事。寻常通称，或曰诸夏，或曰汉人，或曰唐人，皆朝名也；外人所称，或曰震旦，或曰支那，皆非我所自命之名也。"[2] 中国仅有朝代名而无国名，显然不合民族国家之通例，于是人们就此提出了各自主张。黄遵宪建议采用"华夏"作为国家的名称，梁启超倾向于采用"中

---

[1]　黄遵宪：《日本国志》卷四《邻交志上一》，第 51 页。

[2]　梁启超：《中国史叙论》，《饮冰室文集》之六，《饮冰室合集》第 1 册，中华书局 1936 年版，1989 年影印，第 3 页。

国"作为国家的名称，章太炎则认为"中国"这个词多义，容易引起误解："中国之名，别于四裔而为言。……印度、日本之言中国者，举土中以对边郡；汉土之言中国者，举领域以对异邦，此其名实相殊之处。"[1]这样的争论，直到中华民国的正式建立，方才尘埃落定。表面上，这仅是对国名的不同看法而已，实际它关联着人们国家观、世界观的根本变化。在王朝等于国家的时代，确乎不必关注国家的名称问题，有了王朝名称即可。而在戊戌维新前后，读书群体的国家理念已经超越王朝国家的局限，甚至具有居于王朝之上的民族国家的认同自觉，康有为创办的保国会被顽固派攻击为是"保中国不保大清"，恰恰说明了这样的情形。当然，民族国家认同不仅是确定国名这样简单，它还涉及如何处理中国传统的"天下"观、如何处理与世界各国的关系等问题，尽管此类问题甲午战争之前已为部分知识精英所关注和讨论，但正如美国学者列文森所言："中国近代思想史的大部分时间里，可以说是

---

[1] 章太炎：《中华民国解》，《章太炎全集》（四），上海人民出版社1985年版，第252页。

一个使'天下'变为'国家'的过程。"[1] 所以"天下"问题仍为梁启超等思想家所关注。梁启超说："中国自古一统，环列皆小蛮夷，无有文物，无有政体，不成其为国，吾民亦不以平等之国视之；故吾国数千年来，常处于独立之势，吾民之称禹域也，谓之为天下，而不谓之为国。"[2] 由于国人习惯于"天下"概念，心目中殊少"国家"意识，故如何从"天下"转换为"国家"，仍是这一时期需面对和解决的问题。在知识精英眼里，国家是个相对概念，"国家者，对外之名词也。使世界而仅有一国，则国家之名不能成立"。于是，"国与国相峙而有我国"。[3] 即要突破"知有天下而不知有国家"的传统理念，需从定位国与国的关系或中国与世界的关系入手，认可世界万国的存在，中国仅是世界的一员。这些如今看来皆为常识的观念，恰是当时知识精英所大力传播者。报刊舆论、时事演说乃至各类

---

[1] 〔美〕列文森著，郑大华等译：《儒教中国及其现代命运》，中国社会科学出版社 2000 年版，第 87 页。

[2] 梁启超：《爱国论》，《饮冰室文集》之三，《饮冰室合集》第 1 册，第 66 页。

[3] 梁启超：《新民说》，《饮冰室专集》之四，《饮冰室合集》第 6 册，第 17 页。

团体所议之中心话题，都离不开"国""国家""国家与世界"等等概念。经过他们的一再传扬，不把中国视为"天下"，而是视为世界上的一个国家的观念，逐渐进入多数读书人的知识视野，并得到较为广泛的认同。至于"天下"的概念，由于它在地理、文化、政治层面均具有模糊性，不易把握，渐渐不再成为一个关联现实国家、世界的名词概念，[1] 而只是留在人们心目中的一个传统词汇。

实际上，知识界强调中国是世界的一员，是从国家与世界的关系上重新界定何谓"中国"，希望中国成为一个近代意义上的主权独立国家，而非传统的天下国家或王朝国家。这表明主权国家或民族国家认同理念已愈益成为共识。

（四）

戊戌变法失败后，新的民族危机很快到来。在庚

---

[1] 有学者认为："除许多人说的从'天下'到'国家'的转变外，近代中国思想史上更有一个从'天下'到'世界'的进程。"见罗志田:《天下与世界：清末士人关于人类社会认知的转变——侧重梁启超的观念》，《中国社会科学》2007 年第 5 期。

子年间的义和团运动、八国联军侵华之后，清政府被迫与列强签订了最丧权辱国的《辛丑条约》，国难达于顶点。随后清政府宣布实行新政，力求以有限的改良措施进行自救，以达维护和延续统治之目的。但仅为王朝计而不欲根本改革的新政，其各项举措很难令各派"先进的中国人"满意，反而激发出人们更大、更高的改革或革命诉求。这样的诉求为建立近代民族国家提供了良好基础，于是新政时期同时也成为了辛亥革命的准备时期。

庚子国难和《辛丑条约》对中国读书人的刺激远超此前的其他事件，亡国灭种的深重危机使得读书人比以往任何时期都更急切地寻求救国的方案和道路，于是国家观念、主权意识、民族主义等关联着近代民族国家建构的问题受到前所未有的重视，引发一系列讨论。有学者指出："20世纪初年是中国人民族国家理论形成的关键时期，以1903年为中心，1901—1905年新式知识分子在19世纪末对民族国家的模糊意识基础上，围绕民族国家建构问题，进行了一场热烈、集中的讨论，开始突破前代人不明朗、不正规的民族国家观念，正式确立近代民族国家思想。"[1] 近代民族国家思想的正式确立，也就意味着民族国家认同的趋于实现。

从当时讨论的情况看，海内外各派人士所办的《国民报》《政艺通报》《新民丛报》《游学译编》《浙江潮》《江苏》《中国白话报》《安徽俗话报》《民报》等大量报刊，均从救国、保国的急切愿望出发，呼吁在中国建立起近代民族国家。尽管各报刊的政治倾向和政治立场颇为不同，但主张建立民族国家则是一致的，就像《浙江潮》刊文所言："凡立于竞争世界之民族而欲自存者，则当以建民族的国家为独一无二义。"[2] 何谓"民族的国家"？"凡同种之人务独立自治，联合统一以组织一完全之国家是也。"[3] 要"组织一完全之国家"，就需依照近代西方民族国家的建国原则，将人口、领土、主权、政权等因素都考虑在内，而在当时的中国，这些因素关联着民族主义、国家主权、君

---

[1] 许小青：《1903 年前后新式知识分子的主权意识与民族国家认同》，《辛亥革命与二十世纪的中国》（中），中央文献出版社 2002 年版，第 977 页。

[2] 余一：《民族主义论》，《浙江潮》1903 年 2 月第 1 期。

[3] 《国魂篇》，《浙江潮》1903 年 2 月第 1 期。

主立宪或民主共和国等多重考量，无不引发广泛的讨论和争议。

为了御侮自强，民族主义是当时各派人士不约而同打出来的旗帜。无论是维新人士还是革命党人，其所办报刊都大力揭橥民族主义，认为在外国列强肆虐中国的情况下，"非以我国民族主义之雄风盛潮，必不能扼其民族帝国主义之横风逆潮也"。[1] 倡导民族主义，在国家层面上必然主张民族建国，因为他们普遍认为建立民族国家是"欧族列强立国之本"，是时代发展的趋势，"欲抵制外来民族之势力，不可不建设本民族之国家；建设本民族之国家，不可不排除妨害吾民族之魔力"。[2] "组织民族的国家，建设新政府，为强立中国之基础。"[3] 不过尽管大家都主张建立民族国家，但在建立一个什么样的民族国家上，还是有很大争议的。如前所述，此时的革命党人正在痛斥清朝民族压迫，为排满革命寻求各种依据。而西方那种建立

---

[1]　邓实：《政治通论外篇·帝国主义》，《政艺通报》1902 年 5 月 8 日壬寅第 5 期。

[2]　《国家学上之支那民族观》，《游学译编》1903 年 10 月 5 日第 11 册。

[3]　汉驹：《新政府之建设》，《江苏》1903 年 8 月第 5 期。

单一民族国家（"一民族一国家"）的民族理论又恰好在日本、中国传播，为他们的革命行动提供了理论依据。他们提出"满族是否属中国人"或"满族是否属中国民族"的问题，力持"排满建国"的"小民族主义"立场，认同并欲建立单一的汉民族国家。如刘师培曾在一系列论著中阐发他的单一民族国家思想，他力证满族（人）不属中国，为"排满建国"的合理性辩护。在《辨满人非中国之臣民》一文中，他说："满、汉二民族，当满族宅夏以前，不独非同种之人，亦且非同国之人，遗书具（俱）在，固可按也。"当然，他也深知满族统治者与普通满人的区别，所以强调排满是为夺取政权，即"今日之排满，在于排满人统治权。民族主义即与抵抗强权主义互相表里，固与前儒中外华夷之辨不同也。使统治之权不操于满族之手，则满人虽杂处中国，亦无所用其驱除"。[1]也就是说，他所努力奋争者是推翻满族统治，建立汉族统治的国家，此即他的民族国家认同理念。为此他曾专门言道："凡一族之人民，必有特立之性质。……合数国而同一种族，

---

[1] 韦裔（刘师培）:《辨满人非中国之臣民》,《民报》1907 年第 14、15、18 号。

则数国可并为一国（如德意志联邦是）；合数种族而为一国，则一国必分为数国（如土耳其各小国）。"[1]很显然，这代表了许多革命党人的想法。与之相反，以康有为、梁启超为代表的维新人士则力主"合满建国"。康有为说："满洲在明时则为春秋之楚，在今则为汉高之楚，纯为中国矣。……满之与汉，虽非谓同母之兄弟，当亦比于同父异母之兄弟，犹为一家也。……夫今日中国积弱，众强环视，苟汉之于满，割而为台湾，亡而为印度、波兰，则必不得政权平等自由之利，是则可忧也。"[2]这样的说法，当然是为"合满建国"张目。梁启超进而倡导"大民族主义"，认为："吾中国言民族者，当于小民族主义之外，更提倡大民族主义。小民族主义者何？汉族对于国内他族是也。大民族主义者何？合国内本部属部之诸族以对于国外之诸族是也。"[3]实

[1] 刘师培：《中国民族志》，钱玄同等编：《刘申叔先生遗书》，民国二十五年（1936年）宁武南氏排印本，江苏古籍出版社1997年重印，第623页。

[2] 康有为：《答南北美洲诸华商论中国只可行立宪不能行革命书》，姜义华、张荣华编校：《康有为全集》第6集，中国人民大学出版社2007年版，第329页。

[3] 梁启超：《政治学大家伯伦知理之学说》，《饮冰室文集》之十三，《饮冰室合集》第2册，中华书局1936年版，1989年影印，第75—76页。

际上,"大民族主义"的建国主张,不仅要"合满建国",也是建立多民族国家的主张。从后来的历史进程看,革命派强调种族之别的民族国家认同和相应的现实策略确有立竿见影之效,但显然不利于民族团结和中华民族整体的长远发展,所以一当清朝覆灭,革命党人便完全放弃了基于种族之别的民族国家认同理念,转而倡导"五族共和",统一各民族于中华民国的旗帜下。

可以说,民族主义作为建国原则成为当时较为普遍的一种认同,只是对民族主义有"大民族主义"和"小民族主义"的不同理解。除民族主义外,民族国家还有很多具体内涵,这也为当时的知识界所关注。在《少年中国说》中,梁启超指出:"夫国也者,何物也?有土地,有人民,以居于其土地之人民,而治其所居之土地之事,自制法律而自守之;有主权,有服从,人人皆主权者,人人皆服从者。夫如是,斯谓之完全成立之国。"[1]陈独秀也在1904年发表通俗的《说国家》一文,说:"土地,是建立国家第一件要紧的事","国

---

[1] 梁启超:《少年中国说》,《饮冰室文集》之五,《饮冰室合集》第 1 册,第 9 页。

家是人民建立的","凡是一国,总要有自己做主的权柄,这就叫做'主权'。这主权原来是全国国民所共有,但是行这主权的,乃归代表全国国民的政府。一国之中,只有主权居于至高极尊的地位,再没别的什么能加乎其上了"。[1] 可见,作为近代民族国家所必有的三要素——土地、人民、主权,已为知识界所充分了解和接受,并通过报刊等媒体广泛传播开来。在这三要素中,主权是国家的根本属性。由于当时中国主权横遭列强践踏,濒临亡国灭种的境地,所以主权问题成为知识界关注的焦点,报刊上不少文章以此为主题,有的文章指出:"主权者,表国家最完全之国权之性质。""主权者,国家之最高无上之特征,具不受其他制限之性质者也。"[2] 有的文章说:"吾闻世界所谓完全无缺、独立强盛之国,非徒以其土地之大、人民之众也,恃其有特立不羁、至尊无上之主权者也。世界之国,不论为君主、为民主、为君民共主,凡有主权者则其

---

[1] 陈独秀:《说国家》,原载《安徽俗话报》1904 年 6 月第 5 期,见《陈独秀著作选》第 1 卷,上海人民出版社 1993 年版,第 56、57 页。

[2] 芙峰:《叙德俄英法条约所载"高权"及"管辖权"之评论因及"舟山条约"之感慨》,《浙江潮》1903 年 3 月第 2 期。

国存，无主权者则其国亡。"[1] 以主权观念来看中国现
实，则令人非常失望和痛心，陈独秀说："若说起我们
中国的主权来，在下真是含着眼泪不忍说了。为什么
呢？我中国的主权，已经被东西各国夺尽了，到了今
日，我中国那里还算得是一个独立自主的国家呢。"[2]
为了维护中国的国家主权，知识精英们提出了一个响
亮的口号："中国者，中国人之中国也。"有学者专门
梳理了当时报刊上力倡此一口号的文章，发现它为各
类报刊刊载，是一个被广泛传播的口号。[3] 当然，由
于政治立场的不同，知识精英们对何谓"中国人"有
不同的界定和理解，主张"排满建国"者心目中的"中
国人"是将满人排斥在外的，而主张"合满建国"者则
将满人包含在内。不过无论如何，"中国者，中国人
之中国也"口号的提出，是在民族危机极其深重、知
识精英力倡建立民族国家的时候提出来的，况且是以
"中国"之名而非以汉、满之名作为标识的，即便对"中

---

[1] 《中国灭亡论》，《国民报》1901 年 6 月 10 日第 2 期。

[2] 陈独秀：《亡国篇》，原载《安徽俗话报》1904 年 11 月第 15 期，见《陈
    独秀著作选》第 1 卷，第 77 页。

[3] 许小青：《1903 年前后新式知识分子的主权意识与民族国家认同》，
    《辛亥革命与二十世纪的中国》(中)，第 984—985 页。

国人"的内涵存有争议，但其中的核心理念仍体现出近代国家意识，反映的是高涨的中国国家主权观念。实际上，主权观念的确立，是人们思想从传统的王朝国家认同向民族国家认同转换的关键，对近代民族国家的建立至关重要。

在"先进的中国人"皆力主建立民族国家之时，建立一个什么样的民族国家的问题不能不受到极大关注，是建立一个君主立宪国还是一个民主共和国，亦即政体问题引发很大争论。前已言及，维新保皇和立宪人士是主张"合满建国"的，他们希望依托现有皇室，建立一个君主立宪国家；而革命党人是主张"排满建国"的，目标是推翻清王朝，建立一个民主共和国家。清季十年，围绕这一问题，双方一直都有争议。当然各方也都非铁板一块，内部也在不断分化，立场多有变化之时，如立宪派人士越到后来越对皇室失望；革命党人则基于革命形势发展的需要，1907年之后很少再谈排满问题，更多的是谈民族统一问题。谈民族统一，就为他们后来接受"五族共和"的观念、统一各民族于中华民国的旗帜下奠定了良好基础。对建立民主共和国而言，这是方案愈益成熟的标志。起初，无论是 1903 年邹容《革命军》提出的建立"中华共和国"的方案，还是 1905 年中国同盟会成立时的"创立民国"政纲，都有浓烈的排满建国色彩。随着形势的变化和经梁启超等人诘难后愈发理性的思考，革命党人建立民主共和国的方案越来越脱离简单的民族复仇主义，而是向着容纳多民族（包括满族）的近代国家目标迈进。在这方面，作为革命领袖的孙中山的不断觉悟和努力，发挥了巨大作用。自投身革命起，孙中山就立志推翻清朝专制统治，并渐渐形成"创建民国"的志向，从 1894 年兴中会的"驱除鞑虏，恢复中国，创立合众政府"誓词，到 1905 年中国同盟会的"驱除鞑虏，恢复中华，创立民国，平均地权"的十六字纲领，都表明他"排满建国"的理想。但在革命实践中，他能够逐渐修正笼统"排满"的义愤和偏失，引导革命者逐步走上正确的民族国家建设之路。他曾说过："民族革命的原故，是不甘心满洲人灭我们的国，主我们的政，定要扑灭他的政府，光复我们民族的国家。这样看来，我们并不是恨满洲人，是恨害汉人的满洲人。假如我们实行革命的时候，那满洲人不来阻害我们，决无寻仇之理。"[1] 即民族革命的锋芒，指向的是丧权辱国的满族统治者，而非普通满族人，建立民族国家，不能实行民族复仇主义。实际上，孙中山后来顺利接受并推广"五族共和"观念，是有这样的思想认识作为前提的。

可以说，无论是主张君主立宪，还是民主共和，都说明建立近代民族国家，在观念上已得到精英人士的普遍认同。但从观念到现实，还有一个过程，辛亥革命之后中华民国的建立，才在体制上确立了民族国家的架构，在制度层面上确保了民族国家认同的基本实现。同盟会成立时，孙中山曾对"创立民国"政纲有过解释，说："今者由平民革命以建国民政府，凡为国民皆平等以有参政权。大总统由国民公举。议会以国民公举之议员构成之。制定中华民国宪法，人人共守。敢有帝制自为者，天下共击之！"[2] 即他所要建立的民国，是完全否定君权，实行民主共和制度，设议会、行宪法，总统由国民选举产生的国家，这样的国

---

[1] 孙中山:《在东京〈民报〉创刊周年庆祝大会的演说》,《孙中山全集》第 1 卷，中华书局 1981 年版，第 325 页。

[2] 孙中山:《中国同盟会革命方略》,《孙中山全集》第 1 卷，第 297 页。

家就是近代民族国家。1912年初中华民国的建立，亚
洲第一个民主共和国的出现，可以说在制度层面实现
了孙中山的国家理想。作为中华民国临时大总统，孙
中山在就职宣言中又强调："国家之本，在于人民。合
汉、满、蒙、回、藏诸地为一国，即合汉、满、蒙、回、
藏诸族为一人。是曰民族之统一。武汉首义，十数行
省先后独立。所谓独立，对于清廷为脱离，对于各省
为联合，蒙古、西藏意亦同此。行动既一，决无歧趋，
枢机成于中央，斯经纬周于四至。是曰领土之统一。"[1]
民族统一、领土统一，也是近代民族国家必有之义。
所以，无论在政权、主权层面，还是在人民、土地层面，
中华民国的建立，都为近代民族国家认同奠定了制度
基础。

　　中华民国成立后，作为一种观念，民族国家认同
也越来越深入人心。这一方面得益于知识界的大力传
播。民国初期，对于如何建立近代民族国家，已摆脱
王朝国家束缚的知识界展开了更为广泛、丰富的讨论，
使得与民族国家相关的各种意见都能在报刊、书籍等

各类媒体中被大力传播。这样的讨论，是以民族国家认同为基本前提的，从而令民众得以更多地了解和接受民族国家的知识和观念，进而认同它。另一方面"中华民国"国号的使用本身，以及各种机构、团体、公司、学校、报刊等多用"民国"作为名称或符号，都在日常生活中一再强化着人们的国家认知，即以"中华民国"为名的近代民族国家认知。此外，民国虽已建立，但严峻的民族危机并未解除，五四运动、五卅运动乃至后来的抗日战争等等，所有由民族危机和反对帝国主义侵略引发的历史大事件，都反复提醒人们民族国家存在的必要性和建设好民族国家的紧迫性，也都有助于民族国家认同的巩固。所以，整个民国年间，尽管历史颇有波折，但民族国家认同却没有动摇过。

清季民族国家认同理念之一侧面

——以刘师培的论说为例

　　清季，在历史转折的特殊关头，民族国家认同问题，受到政、学两界的共同关注，成为影响时局发展的大问题。在这方面，著名学者、思想家刘师培的主张颇具代表性，而且产生了较大影响。刘师培的民族国家认同理念既反映了中国固有的"夷夏之辨"观念，又有西方近代民族主义的因素，呈现出中西交汇的特色，非常值得注意和讨论。[1] 而且探讨这样的个案，可令我们对辛亥革命的思想因素以及民族国家建构问题有更明晰的认识。

---

[1]　1907 年刘师培在思想观念上转向无政府主义，所以这里所言其民族国家认同理念，仅指其截至 1907 年的主张。

（一）

从大的背景来看，民族国家认同问题是在晚清特殊的历史环境下进入中国学者视野的。所谓特殊历史环境，既指以《马关条约》《辛丑条约》等为标志的达于顶点的民族危机，又指戊戌维新失败后人们对清廷的极度失望。在内外民族矛盾交集的这一危亡之际，树起民族主义旗帜，显然成为走出满族贵族专制统治、建立现代民族国家以与列强抗衡的时代需求。而欲张扬民族主义，其前提则为民族国家认同。以是之故，民族国家认同问题成为当时有识之士关注的焦点，不同政治主张的人们时有交锋。在这方面，著名学者刘师培的主张颇具代表性，而且影响较大。

众所周知，此时的刘师培既为国粹派学者，也是激进的民族主义者、革命派知识分子。在他的政治主张里，"排满兴汉"，在中国推翻满族统治，建立汉族统治的国家，始终处在首位；其次才是追求黄白种族平等。这一政治主张，有相应的民族国家认同观念在支撑，即单一民族国家认同——"一民族一国家"。

若究其本源，则中国固有的"夷夏之辨"和西方近代的民族主义观念皆为背后起作用的因素。

所谓"夷夏之辨"，由来甚早。西周时已出现"夏""诸夏""华夏""中国"等称谓，并将"夷""四夷""夷狄"等称谓与"华夏""中国"对立并称，表明华夏自我认同已开始出现。西周因戎祸而亡，由此进入春秋时期。春秋之时，"夷狄"一再进犯中原，诸侯国间一个主要的政治活动是"尊王攘夷"，在这一过程中，"内诸夏外夷狄"的"夷夏之辨"被强调，华夏的集体意识得到强化。《左传》所谓"裔不谋夏，夷不乱华"，[1]"戎狄豺狼，不可厌也；诸夏亲昵，不可弃也"，[2]就反映了这种意识。在此后的历史进程中，一出现民族危机深重的情况，"夷夏之辨"就被士人拿出来鼓吹，以凝聚华夏－汉族的力量。

对刘师培这样的"国学大师"、反满革命家来说，"夷夏之辨"是最好的传统资源，自然起到了革命理论基础的作用。刘师培的一系列政论，都是以此作为论

---

[1] 《春秋左传·定公十年》，陈戌国点校：《四书五经》下册，岳麓书社2002年版，第1188页。

[2] 《春秋左传·闵公元年》，《四书五经》上册，第752页。

说依据的。如在 1904 年初问世的《攘书》一开篇，他就解释说，《攘书》即攘夷之书。在《攘书》的《华夏》《夷裔》《夷种》《苗黎》《胡史》等篇中，他考察了中国各民族起源和演变的历史，宣称其目的就在于发扬《春秋》"立中外之防"的微言大义，即"自孔子言裔不谋夏、夷不乱华，而华夷之防，百世垂为定则"，以防止"用夷变夏"，[1]并主张把华夏族的历史作为中国历史的正统，以此指斥清王朝近三百年的统治非中华正统，否定其统治的合法性，"吾独惜夫宋丙子之后无正统者几百年，明甲申之后无正统者又三百年。其所谓史者，乃胡史而非华史。长夜漫漫，待旦无期，史臣不察，谬以正统归之"。[2]在《攘书》的《溯姓》《渎姓》《辨姓》等篇中，他考察了各民族姓氏的起源和演变，并解释说辨清姓氏源流，目的同样是为了承继《春秋》大义，"震旦立国，首严华夏之防"，以避免"以夷乱华"。[3]这些言论清楚表明，"夷夏之辨"是排满革

---

[1] 刘师培：《攘书·夷裔篇》，《刘申叔先生遗书》，第 631 页。

[2] 刘师培：《攘书·胡史篇》，《刘申叔先生遗书》，第 635 页。按："丙子"指 1276 年元军攻陷临安，"甲申"指 1644 年清军攻占北京。

[3] 刘师培：《攘书·渎姓篇》，《刘申叔先生遗书》，第 636 页。

命的最佳利器，故刘师培不遗余力阐发之。

另一方面，西方近代民族主义观念对刘师培的影响也是显而易见的。清季，中国知识分子的民族国家理论建构，其思想资源大体来自西方。近代民族主义发生于欧洲，特别是19世纪强调血缘关系的"族群民族"（Ethno-Nation）理念的传播，使得民族与国家应融为一体、建立单一民族国家的观念在欧洲颇为盛行。德意志民族主义的先驱赫尔德说："最自然的国家，莫过于具有一种民族特点的一个民族。……把一百个民族硬捏在一起并由一百五十个省份组成的帝国，决不是个政体，而是一个怪物。"[1] 这实际是主张国家由单一民族组成，一民族一国家。这样的观念，在20世纪初的中国开始流传，对革命派知识分子产生较大影响。1903年，《浙江潮》发表的《民族主义论》说得很直接："合同种，异异种，以建一民族的国家，是曰民族主义"。并主张"非民族的国家不得谓之国"。[2]

刘师培也在一系列论著中阐发他的单一民族国家

[1] 转引自王缉思：《民族与民族主义》，《欧洲》1993年第5期。

[2] 余一：《民族主义论》，《浙江潮》1903年第1期。

思想。一方面，他极力强调华夏－汉族的优越地位，通过列举大量例证，阐发华夏－汉族在历史上一直处在文明发展的较高阶段，而"夷狄殊俗，进化尤迟"，居不毛之乡，毛衣肉食，射猎为生，经济文化远较华夏－汉族落后；并且认为历史上少数民族入主中原，总对汉文明造成破坏，特别是满族入关，给汉文明带来巨大损失，使得中国在与世界各国竞争中一再落败，甚至说"西人之内侵，皆满族有以启之也"。[1]这样的说法，无非是要贬低满族，从而给"排满兴汉"提供更多的佐证。另一方面，他力证满族（人）不属中国，为"排满建国"的合理性辩护。在1907年发表的《辨满人非中国之臣民》一文中，他说："满、汉二民族，当满族宅夏以前，不独非同种之人，亦且非同国之人，遗书具（俱）在，固可按也。"当然，他也深知满族统治者与普通满人的区别，所以强调排满是为夺取政权，即"今日之排满，在于排满人统治权。民族主义即与抵抗强权主义互相表里，固与前儒中外华夷之辨不同也。使统治之权不操于满族之手，则满人虽杂处中国，亦

---

[1] 刘师培：《中国民族志》，《刘申叔先生遗书》，第625页。

无所用其驱除"。[1] 也就是说，他所努力奋争者是推翻满族统治，建立汉族统治的国家，此即他的民族国家认同理念。为此他还曾专门言道："凡一族之人民，必有特立之性质。……合数国而同一种族，则数国可并为一国（如德意志联邦是）；合数种族而为一国，则一国必分为数国（如土耳其各小国）。"[2] 显然，欧洲 19 世纪的"一民族一国家"观念对他产生了一定影响。

（二）

由上可见，在刘师培的民族国家认同意识中，中国固有的"夷夏之辨"观念和"一民族一国家"理念所代表的西方近代民族主义思想是并存的，呈现出近代中国思想史上常见的中西交汇的特色。但若深入探究，就会发现，此一交汇存在内在矛盾，而且是根本性的矛盾。

在近代欧洲，"一民族一国家"之论存在的时间并

---

[1] 韦裔（刘师培）:《辨满人非中国之臣民》,《民报》1907 年第 14、15、18 号。

[2] 刘师培:《中国民族志》,《刘申叔先生遗书》, 第 623 页。

不长，主要是在 19 世纪德意志国家统一进程中，伴随着强调血缘关系的"族群民族"（Ethno-Nation）理念而来。强调血缘关系，势必突出种族因素，以"人种说"为依托，即把种族或人种作为界定民族或族群的基本标准，由此建立民族国家。这样的观念，是刘师培所认同的，他且用此来强化"夷夏之辨"。在 1905 年发表的《两汉种族学发微论》中，他说："三代之人，无人不明种族之义。盖邦国既立，必有立国之本。中国之国本何在乎？则'华夷'二字而已。上迄三代，下迄近今，'华夷'二字，深中民心，如'裔不谋夏，夷不乱华'言于孔子，'非我族类，其心必异'言于季文子，'戎狄豺狼，不可厌也'言于管夷吾。故内夏外夷遂为中国立国之基。汉儒之言，亦即此意。日本倡攘夷之说，始知排外。中国倡攘夷之说，始知开边。"[1] 这些话表明，刘师培心目中的"夷夏之辨"为民族国家立国之本，讲求的是种族之别。实际上，这样的论述已与"夷夏之辨"之本义和传承有了距离。"夷夏之辨"虽也涉种族之别，但核心不是种族问题，而是文化问题。

---

[1] 刘师培：《两汉学术发微论·两汉种族学发微论》，《刘申叔先生遗书》，第 532 页。

种族（Ethnicity）是指在体质形态上具有某些共同遗传特征（肤色、发色、血型、骨骼等）的人群，是人类在生物学意义上适应自然界的结果。当今，种族概念是在人类学和生物学意义上使用的，不包含任何社会文化意义。"夷夏之辨"最初出现时，人们主要是从族类差异来区别夷夏的。所谓族类差异，既指人种之别，也包括地域、语言、习俗、生活方式等的差异，而且后者渐居主导。人们认为华夏诸国在经济、文化、道德等方面都高于、优于夷狄，华夏乃"礼仪之邦"，而夷狄则"被发左衽"、未臻开化。孔子虽也讲"内其国而外诸夏，内诸夏而外夷狄"，[1] 注重族类差异，但更强调"诸夏用夷礼则夷之，夷狄用诸夏礼则诸夏之"，即以礼（文化）来区分夷夏。孟子继承并发展了孔子的观点，提出"用夏变夷"，强调"吾闻用夏变夷者，未闻变于夷者也"，[2] 即只能用华夏文化改造夷，绝不可能以夷变夏。此种"夷夏之辨"，已超越种族、血统等因素，而视文化因素为最高认同符号，若套用现代概念，其所体现的是文化民族主义意味。

---

[1]《春秋公羊传·成公十五年》，《四书五经》下册，第 1368 页。

[2]《孟子·滕文公上》，《四书五经》上册，第 88 页。

这样一种并非建立在对血统、体质等种族因素的认同基础上，而是建立在对文化身份认同基础上的观念，显然与基于种族理论的欧洲19世纪的民族思想有差异，甚至有矛盾。但刘师培却坚持认为"夷夏之辨"主要为种族之别，在驳斥晚清公羊学者以"三世说"为依据而抹杀"夷夏之辨"时，他说："近儒仁和龚自珍谓太平世则内外远近若一，深斥华夷之界。而刘申受则谓夷狄有礼义，即与中国无殊。不知夷狄之族与中国殊，百世不可易也。试再征之于《礼·王制》一篇，多汉儒所辑，谓中国戎夷，民各有性，不可推移。以明种族之殊，定于生初，即非我族类，其心必异之谓也。"[1]

实际上，对于"夷夏之辨"关键不在种族而在文化，可以"用夏变夷"，刘师培并非全然没有认识。他曾指出，"用夏变夷"的提出，是因孔子认识到世界总有文明普及之日，"使无礼义者化为有礼义"，"特以声名文物非一国所得私，文明愈进则野蛮种族愈不能常保其生存"。但是目前"据此以荡华夷之界则殊不

---

[1] 刘师培:《两汉学术发微论·两汉种族学发微论》,《刘申叔先生遗书》,第534页。

然"。[1] 也就是说，谈"夷夏之辨"时强调种族之别是时势所需，是排满斗争的需要，而文化上的"用夏变夷"是人类文明发展的长远目标，两相比照，刘师培更重视眼前的政治目标，所以更强调种族之别。

由此可以看出，刘师培的"夷夏之辨"与中国上古的"夷夏之辨"已有一定区别，以"一民族一国家"为标志的西方近代民族观念的进入，使原本主要强调文化差异而非种族之别的夷夏之分具有了十足的种族色彩。进而言之，从中国固有的文化民族主义转换成近代的政治民族主义。在这一转换过程中，文化与种族的内在矛盾并未得到消弭，只不过是以现实需要为由将一方暂时搁置。从后来的历史进程看，革命派强调种族之别的民族国家认同和相应的现实策略确有立竿见影之效，但显然不利于民族团结和中华民族整体的长远发展，所以一当清朝覆灭、民国建立，革命党人便放弃了基于种族之别的民族国家认同理念，转而倡导"五族共和"，认同"中华民族"。在这方面，孙中山的论述最为经典，他在上海中国国民党本部会议

---

[1] 刘师培：《攘书·夷裔篇》，《刘申叔先生遗书》，第 631—632 页。

的演讲中说："现在说五族共和，实在这五族的名词很不切当。我们国内何止五族呢？我的意思，应该把我们中国所有各民族融成一个中华民族；并且要把中华民族造成很文明的民族，然后民族主义乃为完了。"[1]可以说，实现国内各民族的真正平等，创建中华民族新族体，是"五族共和"政策的发展与升华，也是孙中山三民主义中"民族主义"新的奋斗目标。这样的"民族主义"，显然是以"文化"作为认同基点、超越狭隘种族界限的"大民族主义"，某种程度上已回归中国固有的处理夷夏关系的思路。

---

[1] 孙中山：《在上海中国国民党本部会议的演说》，《孙中山全集》第5卷，中华书局1985年版，第394页。

辛亥革命时期的"夷夏之辨"和民族国家认同

（一）

"民族"这一词汇在中国出现甚早，史书早有明载。不过我们今天耳熟能详的"民族"概念，则在很大程度上是西学东渐的产物，近代中国的民族国家认同，亦是基于这样的概念。

在中国古代，"民族"一词往往有"民众"的含义，如唐代李筌所著兵书《太白阴经》的序言中便有"民族"一词，文中言："夫心术者，上尊三皇，成五帝。贤人得之以霸四海，王九州；智人得之以守封疆，挫强敌；愚人得之以倾宗社，灭民族。"[1]这里提及的"民族"实际指的就是"民众"，并不具有现代民族的含义。今日所言之"民族"概念，是19世纪进入中国的，而普遍使用是20世纪初梁启超将德国政治学家伯伦知理的民族理论加以系统介绍之后的事情。

鸦片战争之后的中国，经历的是数千年未有之大变局。西方殖民势力的东来，使得原有的中华秩序逐渐被破坏，中日甲午战争的惨败，更令得中国民众生活在亡国灭种的危机之中。这种情形下，有识之士认为中国人只有"以强敌为师资"，才能保国、保种、保教，挽救民族危亡。在甲午战争后的维新变法和随后的排满革命浪潮中，来自西方的民族观念成为思想界关注的热点。在西方，民族观念的盛行也基本是近代的事情，它往往是一个国家或民族抵御外敌、壮大自身力量的重要思想武器，对民族国家的形成贡献颇大。对危机中的中国而言，这样的思想武器不啻为振兴民族、挽救国家的利器。

---

[1] 转引自茹莹:《汉语"民族"一词在我国的最早出现》,《世界民族》2001年第6期。

所以，晚清思想家不遗余力地介绍西方的民族观念，格劳秀斯、洛克、黑格尔、密尔顿、伯伦知理等思想家的相关论述被不断引入，其中尤以伯伦知理的民族理论最为人称引。

1901 年，梁启超主笔的《清议报》就译载了伯伦知理的《国家论》，系统介绍了伯伦知理的民族理论。1902 年起，梁启超在《论学术之势力左右世界》《政治学大家伯伦知理之学说》等文章中对伯伦知理学说作了阐发，汪精卫在《研究民族与政治关系之资料》一文中也详细介绍了伯伦知理的民族理论，其他学者对此也有过一些介绍。在这些文章中，他们谈到了伯伦知理关于"民族"的概念及构成民族的诸要素。他们说，在伯伦知理看来，民族的形成是"民俗沿革所生之结果"，民族"最要之特质"有七个方面：一同居于一定之土地，二同一血统，三同其风俗，四同其语言文字，五同其生活状况，六同其宗教，七同其精神体质。只有具备了这七个要素，才能"不知不觉之间自与他族日相隔离，而造成一特别之团体，及其固有之性质既成也，子孙相承，世世保守，或至于虽欲变更而不可复动"，这就明确了民族形成的诸要素和前提条件，以及区分各民族的基本原则。[1]
这样的说法，为近代中国的民族国家认同提供了理
论前提。当然，由于政治立场的差异，中国学者对
伯伦知理民族理论的介绍各有侧重，如梁启超强调
伯伦知理"谋合国内多数之民族使化成为一民族"的
观点，而汪精卫则倾向于伯伦知理"数民族合为一国
民者，其中宜有最强大之一族以为国家之柱础"的观
点。这反映出不同政治立场下民族观念和民族主义
思想的差异。

此一时期，在对待清王朝的态度上，保皇与革命
两分。以康有为为代表的保皇派，力主满汉一体，认
为"国朝入关二百余年，合为一国，团为一体。……
所谓满、汉者，不过如土籍、客籍，籍贯之异耳。其
教化文义，皆从周公、孔子；其礼乐典章，皆用汉、唐、
宋、明，与元时不用中国之教化文字迥异。盖化为一国，
无复有几微之别久矣"。[2]梁启超对伯伦知理"谋合国
内多数之民族使化成为一民族"观点的强调，实际上

---

[1]　参见陶绪：《晚清民族主义思潮》，人民出版社 1995 年版，第 70 页。

[2]　康有为：《答南北美洲诸华商论中国只可行立宪不能行革命书》，《康
　　　有为全集》第 6 集，第 327 页。

就呼应了这种主张。也就是说，康、梁是倡导"合满建国"的，所认同的是多民族国家。与之相反，以孙中山为首的革命派则提倡"排满兴汉"。他们认为"今日之汉种，无所谓国也"，清国只不过是一家一姓之私号、一族之私名，根本得不到汉族知识分子的认同。当然，对他们而言，排满不是终极目的，只不过是达到目的的手段而已，目标是要建立单一的汉民族国家。就是在这样的大背景下，1905 年，革命派团体同盟会创立时，其纲领为"驱除鞑虏，恢复中华，建立民国，平均地权"，这里的"中华"显然是将满族排斥在外的汉族之代称。汪精卫强调伯伦知理"数民族合为一国民者，其中宜有最强大之一族以为国家之柱础"的观点，显然是为革命派的这种主张寻求支持。就此而言，革命派倡导的是"排满建国"，认同的是单一民族国家。

　　无论是哪一种认同，皆非单纯的政治主张，其背后都有深厚的思想和学术资源在支撑。而在这些资源中，中国固有的"夷夏之辨"和西方民族主义的不同观念则为核心。

（二）

所谓"夷夏之辨"，由来甚早。西周时已出现"夏""诸夏""华夏""中国"等称谓，并将"夷""四夷""夷狄"等称谓与"华夏""中国"对立并称，表明华夏自我认同已开始出现。春秋之时，"夷狄"一再进犯中原，诸侯国间一个主要的政治活动是"尊王攘夷"，在这一过程中，"内诸夏外夷狄"的"夷夏之辨"被强调，华夏的集体意识得到强化。《左传》所谓"裔不谋夏，夷不乱华"，"戎狄豺狼，不可厌也；诸夏亲昵，不可弃也"，就反映了这种意识。在此后的历史进程中，一出现民族危机深重的情况，"夷夏之辨"就被士人拿出来鼓吹，以凝聚华夏－汉族的力量。

自从清朝统治建立后，其合法性问题就一直备受关注。当时的汉族士大夫多以"夷夏之辨"为由，质疑或反抗其统治，而清廷也搬用历史上夷夏位置可变、"夷狄入中国则中国之"的证据，证明其统治的合法性，并采用或笼络或镇压的各类手段来巩固这一合法性。"遗民不世袭"，渐渐地，士人与朝廷形成共识，不再对立，士人也不再对清廷以"夷狄"视之。鸦片战争前后，"夷"之称呼已主要是指来自西方的外国人。但到了辛亥革命时期，随着排满革命风潮的兴起，革命党人心目中的"夷狄"再度成为满人的指称。而坚守保皇立场者，则力证满人已非夷狄，而是华夏一体化的成员了。康有为曾就此指出："孔子《春秋》之义，中国而为夷狄则夷之，夷而有礼义则中国之。……国朝入关二百余年，合为一国，团为一体。……所谓满、汉者，不过如土籍、客籍，籍贯之异耳。其教化文义，皆从周公、孔子；其礼乐典章，皆用汉、唐、宋、明，与元时不用中国之教化文字迥异。盖化为一国，无复有几微之别久矣。"[1] 这样的说法，实际是主张以文化因素作为区分夷夏的标准，自然关联着多民族国家认同和"合满建国"的策略。与之相反，革命派的刘师培认为"夷夏之辨"是百世不易之理。在致端方信中，他说："孔子有言，夷不乱华。而华夷之防，百世垂为定则，想亦尔之所悉闻也。自满洲肇乱，中原陆沉，衣冠化为涂炭，群邑荡为邱墟，呻吟虐政之中，屈服

---

[1]　康有为:《答南北美洲诸华商论中国只可行立宪不能行革命书》,《康有为全集》第 6 集，第 327 页。

毡腥之壤，盖二百六十年于兹矣。……光汉幼治《春秋》，即严夷夏之辨。垂髫以右，日读姜斋、亭林书，于中外大防，尤三致意。窃念天下兴亡，匹夫有责；《春秋》大义，九世复仇。"[1] 其视满人为"夷狄"，从事排满革命的立场十分鲜明。而且他坚持认为"夷夏之辨"主要为种族之别，力证满族（满人）不属中国，说："满、汉二民族，当满族宅夏以前，不独非同种之人，亦且非同国之人，遗书具（俱）在，固可按也。"当然，他也深知满族统治者与普通满人的区别，所以强调排满是为夺取政权，即"今日之排满，在于排满人统治权。民族主义即与抵抗强权主义互相表里，固与前儒中外华夷之辨不同也。使统治之权不操于满族之手，则满人虽杂处中国，亦无所用其驱除"。[2] 也就是说，他所努力奋争者是推翻满族统治，建立汉族统治的国家。这代表了众多革命党人"排满建国"的意愿。

与此同时，和保皇、革命等政治风潮相交织的，

---

[1] 刘光汉：《致端方书》，万仕国辑校：《刘申叔遗书补遗》上册，广陵书社 2008 年版，第 110 页。

[2] 韦裔（刘师培）：《辨满人非中国之臣民》，《民报》1907 年第 14、15、18 号。

是来自西方的近代民族主义思潮。康有为和革命党人关于"夷夏之辨"的不同看法，实际就关联着西方近代民族主义的不同取向。

西方近代民族主义的核心是民族国家认同问题，大体有两种意见：一是以文化为主划分民族，建立多民族国家；二是以血统、种族为主划分民族，建立单一民族国家。前者如伯伦知理的理论，认为文化因素（语言、文字、风俗等）比血统对一个民族的形成更重要，所以一些不同血统但文化相同的民族，可以联合在一起，建立多民族的国家。梁启超据此提出他的"大民族主义"，认为"吾中国言民族者，当于小民族主义之外，更提倡大民族主义。小民族主义者何？汉族对于国内他族是也。大民族主义者何？合国内本部属部之诸族以对于国外之诸族是也"。[1] 实际上，"大民族主义"的建国主张，也就是建立多民族国家的主张。后者与欧洲 19 世纪强调血缘关系的"族群民族"（Ethno-Nation）理念分不开。强调血缘关系，势必突出种族因素，把种族或人种作为界定民族或族群的基

---

[1] 梁启超：《政治学大家伯伦知理之学说》，《饮冰室文集》之十三，《饮冰室合集》第 2 册，第 75—76 页。

本标准，由此建立民族国家。这一理念的传播，使得民族与国家应融为一体、建立单一民族国家的观念颇为盛行，对 20 世纪初的中国革命党人产生较大影响。1903 年，《浙江潮》发表的《民族主义论》说得很直接：“合同种，异异种，以建一民族的国家，是曰民族主义”。并主张“非民族的国家不得谓之国”。[1] 也正是基于此，革命党人才从种族、历史等各方面论证出“满族异族论”来，认为满族（满人）不属中国，从而为“排满建国”找到合理性。

总之，在立宪与革命、保皇与共和激烈交锋的辛亥革命时期，中国知识界的民族国家认同观念并非一致。主立宪保皇者与主革命者各抒己见，互有交锋，在各自的认同之路上前行，尚未交集并形成共识。

---

[1] 余一：《民族主义论》，《浙江潮》1903 年第 1 期。

再谈辛亥革命前后的中华民族认同问题

  对于近代中国的民族认同问题，特别是辛亥革命前后的中华民族认同问题，近年来学界较为关注，出现了一系列颇有建树的成果。但从研究现状看，仍有继续深入的空间。本文拟从文化民族和政治民族的观念出发，着眼于中华民族认同与近代中国民族国家认同的一致性，再对这一问题做些粗浅探讨。

（一）

作为一个现代概念，何谓"民族"（nation），[1] 如何定义，一直是一个非常复杂的问题。东西方学术界曾对之做过大量研究，提出种种解释，但众说纷纭，迄无定论，以致一个以研究民族主义著称的西方学者说："我们根本无法为民族下一个'科学的'定义；然而，从以前到现在，这个现象却一直持续存在着。"[2] 在中国学术界，以往关于民族的定义有这样的说法，即民族是"指历史上形成的、处于不同社会发展阶段的各种人的共同体"，"特指具有共同语言、共同地域、共同经济生活以及表现于共同文化上的共同心理素质的人的共同体"。[3] 很显然，这是自斯大林的定义演变而来。依照这样的定义，民族应有六个特征：一

---

[1] 英文"nation"一词通常译作"民族"，但"民族"一词，在汉语中颇多歧义，往往包含种族、族群等不同层面的含义，故而目前有学者以"国族"译"nation"。

[2] 参见〔美〕本尼迪克特·安德森著，吴叡人译：《想象的共同体：民族主义的起源与散布》，上海人民出版社2003年版，第3页。

[3] 《现代汉语词典》，商务印书馆1981年版，第783页。

是历史地形成的，为历史的产物，属于社会历史的
范畴；二是有共同的语言，语言是族类共同体最牢固、
最有活力的联系纽带；三是有共同的地域，这是一个
民族生息繁衍的最重要的条件，它确保同一族体的
各个成员、各个组成部分之间的经济联系和其他联
系的发展；四是有共同的经济生活，即共同的经济联
系，内部的经济联系是把同一族体的各部分结合为
一个整体的强大动力；五是有共同的心理素质，这种
共同的心理素质表现为共同的文化，即同一族体的
成员在文化上的一致性，是不可分割地同他们的心
理特点联系在一起的；六是具有稳定性，任何群体都
要求有一定的稳定性，但民族所要求的稳定性非同
一般，否则就不能形成共同的语言和文化。[1] 这样的
定义及所归纳出的特征，是基于对事实的观察与分
析而做出的概括，客观色彩浓厚，但相对缺乏主体
意识。所以有学者在认可客观标准的前提下，又认为：
"主观方面，构成民族的要素则是民族意识（national

---

[1] 参见宁骚：《民族与国家——民族关系与民族政策的国际比较》，北
京大学出版社 1995 年版，第 16—19 页。

consciousness）。"[1] 所谓民族意识，是指一个民族共同的自我意识，是一个民族对自身的存在、地位、利益、价值和文化传统的自觉。这样一种民族意识显然是主观认同的结果，即民族意识是通过"民族认同"（national identity）来实现的。民族认同意味着社会成员以"民族"互相认同，并以"民族"结成共同体。在这个意义上，民族和民族认同密不可分，民族之产生离不开这种认同。

在中国，民族与民族认同是历史的产物。上古之时，诸部落在不同环境下发展，逐渐形成了许多族群，其中华夏族处在中原优越的地理位置上，拥有农耕经济下先进的农业文明，从而具有在各族群中的领导地位，形成了华夏文化中心观念。战国时期，华夏族已成为稳定的民族共同体，但还不是统一的民族，经过秦汉四个多世纪大一统的陶铸，才发展为统一的民族，并且成为统一多民族中国的主体民族。西汉时，仍按先秦传统自称为华夏或中国，而边疆其他民族则称中原华夏人为"秦人"和"汉人"。两晋之际，"五胡"逐

---

[1] 石元康：《民族与民族自决》，《从中国文化到现代性：典范转移？》，生活·读书·新知三联书店 2000 年版，第 253 页。

鹿中原，明确地与汉人共享"中国"的称谓，汉人则比较稳定地成了族称。到南北朝时期，汉人已由他称成为南北汉人的自称。由于"中国"成为各民族共有的称谓，"汉人"成为汉民族专有的族称，中国各民族的总体称谓也由"华夷"对举演化为"蕃汉"对举。[1]在华夏族的演进历程中，自我认同至关重要。由于华夏文化中心观念出现甚早，所以自我认同主要是文化认同，这是华夏族不同于他族的关键所在，"夷夏之辨"便由此而来。也就是说，所谓"夷夏之辨"，更多的是一个文化观念，而非纯粹种族上的界定。这样的民族认同，颇具文化认同意味，即以文化作为不同民族区隔的标志。可以说，这是古代中国特有的民族认同方式。到晚清以降，情形发生了变化，即近代中国的民族认同，与古代既有联系，又有较大差异，一方面继承了中国固有的文化认同意识，另一方面很大程度上是民族危机的产物，与中国民族国家的建立过程相一致，政治因素在其间起了重要作用，体现出鲜明的近代色彩。

---

[1] 参见陈连开:《中华民族解》,《中华民族研究初探》,知识出版社1994年版，第17—18页。

在近代欧洲，民族意识、民族认同往往与民族国家的兴起分不开。由于历史和传统的差异，民族与民族国家认同的建构路径也不同，其中最典型的是德、法两国。一般认为，德国是民族先行，法国是国家先行；或者谓德国是文化先行，法国是政治先行。在 19 世纪德国统一过程中，俾斯麦功绩卓著，其铁血政策发挥了巨大作用，但决定德国统一的社会文化基础，却是日耳曼人共有的日耳曼文化和精神。只有日耳曼人对这种文化和精神天然的、无条件皈依的情感，才能把散居在各个邦国的日耳曼人凝聚在一起。法国在历史上的较长时间里有稳定的疆域，"民族"一词在 17、18 世纪已开始具有政治上的含义，即在特定领土内共同受一政府统治下所有居民的总称。到法国大革命时第三等级就将自身等同于法国民族，国民会议成员自然而然都自认为是民族的代表。在此后的历史进程中，也是国家政治力量的不断推动，使法国成为一个名副其实的民族国家。正因如此，有人才称德国人是文化民族，法国人是政治民族。这两种民族国家建构路径，在其他的民族国家身上也有突出体现。

关于"文化民族"和"政治民族"的划分，美国政治学家多伊奇进行过界定，认为前者指历史形成的文化共同体，后者是"拥有国家的群体，或已经产生准政府功能，有能力制订、支持、推行共同愿望的群体"。[1]按此说法，似乎所有主权国家都可以称为"政治民族"，国家和民族甚至可以混为一谈。若将多伊奇的学说运用于现实中国，那么汉族和少数民族都应属于"文化民族"，而包括几十个民族的"中华民族"就属于"政治民族"了。但从中国历史考察，情况并非如此简单，"文化民族"和"政治民族"不可截然二分。作为"政治民族"的"中华民族"是以文化认同为根基并在历史发展的特殊时期形成政治认同的，此一政治认同表现在民族认同和国家认同的一致性上，即中华民族认同和中国民族国家认同的一致性上。在探讨辛亥革命前后中华民族认同的历史时，观念出发点应该在此。

（二）

费孝通先生曾经指出："中华民族作为一个自觉的

---

[1] 转引自王缉思：《民族与民族主义》，《欧洲》1993 年第 5 期。

民族实体，是近百年来中国和西方列强对抗中出现的，但作为一个自在的民族实体则是几千年的历史过程所形成的。"[1] 按照这一论断，自古以来，中华民族的形成乃至发展、壮大是个自在的渐进过程，而非自觉过程。作为自觉的民族实体，中华民族形成的历史非常短，是近百年来的事情。换句话说，所谓"自在"的中华民族，很大程度上是指数千年来居于中华大地并基于华夏文化认同的松散群体，即对于共同的利益安危在情感上还缺乏强烈认同的群体；而"自觉"的中华民族则指在文化认同的基础上，对于共同的利益安危在情感上有着强烈认同的群体，从而形成基本一致的政治认同，使中华民族认同和中国民族国家认同一致起来，而且拥有了一个共同的民族符号或名称——"中华民族"。

应该说，"中华民族"这一符号或概念至关重要，它是近代民族认同的核心环节，它的出现乃至最终在全社会得以确立，方使得中华民族以自觉面目立于世界民族之林。那么，"中华民族"这一名词何时出现？

---

[1]　费孝通:《中华民族的多元一体格局》，中央民族学院出版社 1989 年版，第 1 页。

其起源与演化的情形又如何呢？据学者研究，"中华"一词起源于魏晋，最初用于天文方面，是从"中国"与"华夏"两个名称各取一字复合而成。古人宗信"天人相与"，天文分野，取与地理区域相配合，当时天文星野有"中华"名称，地理上当亦有此观念，而且作为地域名称，"中华"与"中国"相同。此外，魏晋之时，世家大姓自诩"衣冠华族"，备受尊崇，"中华"一词最初也许与这些"衣冠华族"相关，逐渐地扩及于指传统文化和具有这种文化的人民。所以，在古代，"中华"既是地理名称，又是文化与民族称谓，尤其是指文化与民族。"中华"一词与19世纪30年代进入中国的"民族"概念相结合，[1]就构成了"中华民族"这一词汇，相应的思想观念也就此产生。

从根本上说，"中华民族"概念及其思想观念的出现，是鸦片战争以来不断加剧的民族危机的产物。各国列强对中国一再变本加厉的侵略扩张，加重了中国境内各民族人民的灾难，同时也逐步唤醒了他们

---

[1] 有学者指出，与今日所言之"民族"概念相关联的，应是19世纪30年代普鲁士传教士郭实腊最早在中文著作里所用者。见黄兴涛：《"民族"一词究竟何时在中文里出现？》，《浙江学刊》2002年第1期。

的民族意识。这一情形，在中日甲午战争后尤为明显。这种民族意识，在各民族的先进分子中首先得到阐扬，并使得他们在救亡图存的政治活动中采取一致行动。1895 年，清政府与日本签订丧权辱国的《马关条约》，引发国内一片抗议之声，康有为联合18 省举人 1300 余人上书，沉痛地指陈了当时严峻的民族危机，要求"破除旧制，更新大政"，进行政治改革。一些满族举人参加了这次上书。此后，康有为又领导进行了一系列维新变法活动，这些活动大都有满人参与其中，如满人寿富等创办了知耻学会，寿富亲撰《知耻学会总章》《学会诚言》等文件，认为知耻方知自强，借鉴"西学自强之新术"，才可能摆脱亡国的厄运，主张通过积极的改革达到富国强兵的目的。他在文章中还动情地写道："我中国神明之裔也，尧舜之遗也，不思与英、德、法、日并驾齐驱于五洲，而坐视黑人、红人为奴，思执鞭而从其后，吾不可复见五大洲豪杰之士矣！"[1] 言辞痛切，催人泪下，爱国之心，跃然纸上。他的号召，实际

---

[1] 《时务报》光绪二十三年九月初一日（1897 年 9 月 26 日）。

道出了中华各民族的共同心声。众所周知，清朝满族统治者一向标榜"首崇满洲"的原则，有意制造"满汉畛域"，将满族置于汉族及其他各民族之上。这一状况，使得人们难以形成超越具体民族的国家共识，更难以形成近代意义上的民族国家意识。所以，寿富的言论，不啻超越了狭隘的统治民族利益，而向中华民族的共同利益靠拢。不仅如此，国难当头之际，一些富于民族感的有识之士，还主张废除满族特权，消除满汉畛域，如满族贵族盛昱目睹国家积贫积弱、列强不断划分势力范围的局面，不禁疾呼，"起我黄帝胄，驱彼白种贱。大破旗汉界，谋生皆任便"[1]，主张全体中国人，不分民族，联合一致共御外侮。值得注意的是，这些满族有识之士强调"我中国神明之裔也"，自视为"黄帝胄"之一分子，这正体现出各民族在救亡图存运动中，已摆脱狭隘民族界限，逐渐提升大民族主体意识，开始认同一个"民族共同体"。

尽管严峻的民族危机和救亡图存的努力已使"中

---

[1] 参见张菊玲：《清代满族作家文学概论》，中央民族学院出版社 1990 年版，第 279 页。

华民族"观念浮上水面，但其真正作为一个词语被提出并得到认可，还是有一个过程的。从现有资料看，清末率先使用"中华民族"一词者，很可能是伍廷芳。[1]1900 年 11 月 20 日，伍廷芳在《外国人在中国不受欢迎的原因》的演说中，指斥外国在华报刊对中国政府及其官员的连篇累牍的指责，认为"它总的论调很可能引起全中华民族反对外国人和外国事物"。[2]不过伍廷芳只是在演说中用了"中华民族"这个词汇，而且是用英语表达，并未见他对此予以阐发。而在中文世界里首先提出"中华民族"词汇并进行阐发的恐怕是梁启超。[3]1902 年，梁启超在《论中国学术思想变迁之大势》中使用了"中华民族"这个词汇，他说："齐，海国也。上古时代，我中华民族之有海思想者厥惟齐，故于其间产出两种观念焉：一曰国家观，二

[1] 参见林家有：《辛亥革命与中华民族自觉实体的形成》，郑大华、邹小站主编：《辛亥革命与清末民初思想》（"中国近代思想史研究集刊"第 9 辑），社会科学文献出版社 2012 年版，第 5 页。

[2] 伍廷芳：《外国人在中国不受欢迎的原因》，丁贤俊、喻作凤编：《伍廷芳集》上册，中华书局 1993 年版，第 106 页。

[3] 黄兴涛：《"中华民族"观念萌生与形成的历史考察：兼论辛亥革命与中华民族认同之关系》，《辛亥革命与二十世纪的中国》（中），第924 页。

曰世界观。"[1] 不过，梁氏虽用了"中华民族"词汇，但其内涵与我们今天心目中的"中华民族"还是有一定差异的。从其文章整体来看，其所谓"中华民族"仍指的是华夏族，即汉种（汉族）。[2]1905 年，梁启超在《历史上中国民族之观察》一文中又数次使用"中华民族"一词，并明确指出，"今之中华民族，即普通俗称所谓汉族者"，但同时又以事实进行论证，说明先秦时华夏族之外的各个民族，最终大都融入华夏族，从而证明"中华民族自始本非一族，实由多数民族混合而成"。[3]这样的看法表明，尽管梁启超仍把"中华民族"作为汉族的代名词，但显然已不把汉族看作是单一民族，而是由多民族"混合而成"。

梁启超之后，著名立宪派人物杨度也使用"中华

[1] 梁启超：《论中国学术思想变迁之大势》，《饮冰室文集》之七，《饮冰室合集》第 1 册，第 21 页。

[2] 梁启超在《论中国学术思想变迁之大势》中说："中华建国，实始夏后。古代称黄族为华夏、为诸夏，皆纪念禹之功德，而用其名以代表国民也。"见《饮冰室文集》之七，《饮冰室合集》第 1 册，第 5 页。按：梁启超常以"汉种""汉族""黄族""华族""中国种族"等词汇指称汉族，可见当时并未将"种族"和"民族"严格分清，概念有所混淆。

[3] 中国之新民（梁启超）：《历史上中国民族之观察》，《新民丛报》第 3 年第 17 号，光绪三十一年二月十五日（1905 年 3 月 20 日）。

民族"一词，阐发他的民族观念和对民族问题的看法。
1907 年，杨度在《金铁主义说》中言："中国向来虽无
民族二字之名词，实有何等民族之称号。今人必目中
国最旧之民族曰汉民族，其实汉为刘家天子时代之朝
号，而非其民族固有之名也。中国自古有一文化较高、
人数较多之民族在其国中，自命其国曰中国，自命其
民族曰中华。即此义以求之，则一国家与一国家之别，
别于地域，中国云者，以中外别地域之远近也。一
民族与一民族之别，别于文化，中华云者，以华夷别
文化之高下也。即此以言，则中华之名词，不仅非一
地域之国名，亦且非一血统之种名，乃为一文化之族
名。……华之所以为华，以文化言，不以血统言，可
决知也。故欲知中华民族为何等民族，则于其民族命
名之顷，而已含定义于其中。与西人学说拟之，实采
合于文化说，而背于血统说。"[1] 这样的认识，实际是
对中国特有的文化民族观念的现代阐发，依此，中华
民族非种族概念，而是文化概念，"乃为一文化之族
名"。所谓汉民族，源自"刘家天子时代之朝号，而非

---

[1] 杨度：《金铁主义说》，刘晴波主编：《杨度集》，湖南人民出版社
1986 年版，第 373—374 页。

其民族固有之名也"，其民族之名则为"中华"。而且此一"中华"，后来"经数千年混杂数千百人种"，发生了巨大变化，并非单一民族。按照杨度的说法，与汉族关系密切、文化接近的满族可以说早已同化到中华民族之中了。所以，他主张实行"满汉平等，同化蒙、回、藏"的"国民统一之策"。从杨度的民族观念与民族认同意识来看，他的视野似乎更为开阔，其所认同的"中华民族"所包含的"民族"范围也比梁启超所言更广一些，甚至有了当今"中华民族"观念含义的雏形。当然，由于"中华民族"在他们那里基本指称汉族，所谓融入的民族也是与汉族文化最为接近的民族，故而这样的观念里，还是有着大汉族主义的影子，蒙、回、藏三族就因文化上与汉族有距离，而被杨度视作尚未完全融入"中华民族"中的民族。

梁启超、杨度等人对"中华民族"的阐发，有一共同特点，即把文化认同视为中华民族认同的根本。这和中国传统的认同理念一脉相承。在中国传统里，民族观念的核心是所谓"夷夏之辨"。"夷夏之辨"最初出现时，人们主要是从族类差异来区别夷夏的。所谓族类差异，既指人种之别，也包括地域、语言、习俗、生活方式等的差异，而且后者渐居主导。人们认为华夏诸国在经济、文化、道德等方面都高于、优于夷狄，华夏乃"礼仪之邦"，而夷狄则"被发左衽"、未臻开化。孔子虽也讲"内其国而外诸夏，内诸夏而外夷狄"，注重族类差异，但更强调"诸夏用夷礼则夷之，夷狄用诸夏礼则诸夏之"，即以礼（文化）来区分夷夏。孟子继承并发展了孔子的观点，提出"用夏变夷"，强调"吾闻用夏变夷者，未闻变于夷者也"，即只能用华夏文化改造夷，绝不可能以夷变夏。此种"夷夏之辨"，已超越种族、血统等因素，而视文化因素为最高认同符号，即把文化认同置于核心地位。就此而言，在民族认同问题上，文化认同是根本，"中华民族"观念之提出和逐渐深入人心，与此密切相关。

另外需指出的是，在近代中华民族观念的形成历程中，清末立宪运动也曾产生过不可忽视的影响，其中满族官员与留日学生发挥了相当重要的舆论宣传与推动作用。在当时排满革命的风潮之下，立宪派人士和清廷的一些开明官员为了消弭革命的影响，力主"平满汉之界"，以消除国内民族不平等现象，维持统治秩序。这方面的例子很多，如1907年7月，曾出国考察宪政的满族官员端方为李鸿才代奏《条陈化除满汉畛域办法八条折》，认为"满汉之界宜归大同"，具体办法则有"切实推行满汉通婚""删除满汉分缺""满人宜姓名并列"等。[1] 不少满族官员在上奏中认同这样的主张。还有人认为满汉之间的关系是同水异派、不可分割的，说："盖亚洲之有黄种，若满洲，若蒙古，若汉人，洪荒虽难记载，族类殖等本支。如山之一系列峰也，水之同源异派也，禾之连根歧穗也，本之合株散枝也。一而数，数而一，既由分而合，讵能合而为分也。"[2] 这样的认识，既看到差异，更看到联系，尤其强调共性，强调本源上的民族一体，是颇为深刻而又明智的。在民间，以乌泽声等人为代表的一批满族留日学生，热情倡导"满汉人民平等，统合满、汉、蒙、回、藏为一大国民"，并为此专门办了一份《大同报》。他们还认识到，中国各民族具有共同的利益关系，"国兴则同受其福，国亡则俱蒙其祸，利害相共，祸福相倚，

---

[1] 故宫博物院明清档案部编：《清末筹备立宪档案史料》下册，中华书局 1979 年版，第 915—917 页。

[2] 故宫博物院明清档案部编：《清末筹备立宪档案史料》下册，第 931 页。

断无利于此而害于彼之理。……又岂独满汉为然也。凡居于我中国之土地，为我中国之国民者，无论蒙、藏、回、苗，亦莫不然。我有同一之利害，即亦不可放弃救国之责任也"。[1] 这样的看法，是站在全民族的立场上思考问题，表达了中华一体的理念，而不仅仅局限于"平满汉之界"，视野是非常开阔的。综观史料，与上述内容类似的奏折、文章比比皆是，不胜枚举。由此可以看出，立宪运动中，民族间平等融合的"大民族"观念与意识得到了增强。不管统治者或某些政治派别出于何种目的提倡这样的观念，仅朝野各界大体一致的认同，尤其是作为统治民族的满族的有识之士也积极呼应，至少表明这样的观念适应了时代需求，也顺应世情民意。如此，就为"中华民族"观念的广泛认可和最终普及奠定了一定基础。

（三）

梁启超、杨度利用传统资源，以文化认同作为根

---

[1] 乌泽声：《论开国会之利》，《大同报》第 4 号。

本来论证"中华民族"存在的合理性，当然是高明之举，而其背后则有政治上的用心与考量。当时正值辛亥革命之前人们对国家前途命运激烈争辩之际，保皇立宪与排满革命两种立场针锋相对。梁启超在论及"中华民族"观念和中华民族认同时，往往是和其主张的"大民族主义"思想相提并论，认为"吾中国言民族者，当于小民族主义之外，更提倡大民族主义。小民族主义者何？汉族对于国内他族是也。大民族主义者何？合国内本部属部之诸族以对于国外诸族是也"。[1] 这种"合国内本部属部之诸族"构成的"大民族"，是为了"对于国外诸族"，当然是政治意义上的，实即为"中华民族"。梁氏力主"平满汉之界"，以"大民族主义"观念解决民族纷争，建立君主立宪国家，所以大倡"中华民族"。与之相反，革命派激进人士则主张排满革命，彻底推翻清王朝，建立汉族统治的国家。政治立场的不同，使得两派在民族国家认同方面存有差异，梁启超的"大民族主义"未得到普遍认同，"中华民族"观念也很少为革命党人阐发。

---

[1] 梁启超：《政治学大家伯伦知理之学说》，《饮冰室文集》之十三，《饮冰室合集》第 2 册，第 75—76 页。

清末，中国知识精英的民族国家理论建构，其思想资源大体皆来自西方。西方近代民族国家思想的核心是国家由民族组成，一民族一国家。这样的观念，对革命派影响很大。1903年，《浙江潮》发表的《民族主义论》说得很直接："合同种，异异种，以建一民族的国家，是曰民族主义"。并主张"非民族的国家不得谓之国"。[1]换言之，民族国家只能由单一民族组成。1904年《安徽俗话报》发表的陈独秀《说国家》一文也指出，国家要有一定的人民，"但是一国的人民，一定是同种类、同历史、同风俗、同言语的民族。断断没有好几种民族，夹七夹八的住在一国，可以相安的道理。所以现在西洋各国，都是一种人，建立一个独立的国家，不受他种人的辖治"。"若单讲国家主义，不讲民族国家主义，这国家倒是谁的国家呢？原来因为民族不同，才分建国家，若是不讲民族主义，这便是四海大同，天下一家了，又何必此疆彼界，建立国家呢？"[2]这篇文章指出民族国家建构中需要解决一个重要的问题——"谁的国家？"即民族身份与民族认同问题。在

---

[1] 余一:《民族主义论》,《浙江潮》1903年第1期。

[2] 三爱（陈独秀）:《说国家》,《安徽俗话报》1904年第5期。

清末中国的特殊情势下，民族认同和民族身份问题比任何时候都更为重要，也更为敏感。"谁的国家"问题的提出，在向世人昭示着认同选择问题，何去何从？

革命派人士此时正在大倡中国传统的"夷夏之辨"，痛斥清朝民族压迫，为排满革命寻求各种依据。西方"一民族一国家"的民族理论的传播，恰好为他们的革命行动提供了理论依据。两相结合，一个重要问题就被提了出来并引起各方关注，这就是"满族是否属中国人"或"满族是否属中国民族"的问题，因为这关系到民族国家的建构是否包括满族人在内。是"合满建国"还是"排满建国"，该问题直接决定了民族国家建构的不同道路。对力主"排满建国"的革命派来说，所认同并欲建立的自然是单一的汉民族国家。为此，他们从种族、历史等各方面论证出"满族异族论"来，认为："今所谓朝廷者，乃鞑靼之种，其部落居于满洲长白山之下，在万里长城之外，本与我中国黄帝之子孙不同种族者也。"[1] 这样，他们心目中的满族人

---

[1] 太平洋客（欧榘甲）：《新广东》，张枏、王忍之编：《辛亥革命前十年间时论选集》第1卷，生活·读书·新知三联书店1960年版，第273页。

根本就不是中国人。为了强化这种观念，他们把明清鼎革之际民族屠杀的历史重新提出来，在报刊中一再渲染满族人当年制造的"扬州十日""嘉定三屠"等历史血案；还把清王朝一直推行的"满汉之别"的民族政策，论证为满族异族的历史证据。总之，强调中国固有的"夷夏之辨"，其结论是"满族异族"，根据西方输入的主权国家的原则，异族入我中国则中国实亡，故而一些革命派人士大倡"中国已亡"说，言辞激烈。

在"中国已亡"说的支配下，这些革命派人士认为"今日之汉种，无所谓国也"，清国只不过是一家一姓之私号、一族之私名也。当然，对他们而言，排满不是终极目的，只不过是达到目的的手段而已，目标是要建立单一的汉民族国家。就是在这样的大背景下，1905年，革命派团体同盟会创立时，其纲领为"驱除鞑虏，恢复中华，建立民国，平均地权"，这里的"中华"显然是将满族排斥在外的汉族之代称。另外，为了强化汉族认同，一些革命派人士把传说中的黄帝论证为汉族祖先，指出："凡一民族，不得不溯其起源。为吾四百兆汉种之鼻祖者，谁乎？是为黄帝轩辕氏。"并提倡改用黄帝纪年，以唤起同胞的民族自觉。[1]

从革命派人士的这些观念和举措来看，他们"排满建国"的逻辑是相当清晰的，即先论证出"满族异族"之说，接着指出"中国已亡"，于是要救国必然要"排满"，最终建立起汉民族的单一民族国家。很显然，这也是一种民族认同的产物，即与"大民族主义"截然相反的认同。这样的主张，虽然理论上、逻辑上环环相扣，但在现实政治中却存在严重分裂中国的危险。

革命派人士的上述主张，梁启超等人自是无法赞同。梁启超认为，如果由于今日政府与满洲二位一体的关系，因憎恶政府而憎满人，实是反满而不得其要，混淆了建国与复仇的关系。他强调排恶政府为第一要义，排满不排满则非关键，设若恶政府为汉人政权，亦应排之。对于革命派颇为欣赏的"一民族一国家"的民族理论，他也表示怀疑，认为："盖各国发育之不同，如人面焉，未有以他国之历史，为我国之方

---

[1] 刘师培：《黄帝纪年说》，李妙根编：《刘师培辛亥前文选》，生活·读书·新知三联书店 1998 年版，第 3 页。

针也。"[1] 即不能因为该论调来自西方，就一定奉为金科玉律，在中国这样一个多民族国家里，实行单一民族建国主义，无疑会导致分裂，从而使国家陷入灭亡的危险之中。

对于梁启超的看法，汪精卫在《民族的国民》一文中予以系统驳斥，其主张代表了革命派的基本观点。关于排满与排恶政府之关系，汪精卫指出：排满革命是由于民族主义之故，而排恶政府是由于国民主义之故，二者是紧密联系在一起的，二者必须俱达，否则国民只有政治观念，而无种族观念，若"异族侵入，略施仁政，便可以戴以为君"，那么庚子拳变之时，"联军入京，比户皆树顺民旗"，依梁启超之逻辑，"亦将推为达时势之君子乎？"因此，他认为，满汉不能融合与势必排满建国之理由，就是基于满汉不同种、不同国的缘故。对于梁启超的"大民族主义"，汪精卫认为是梁不明白"民族同化公例上之位置"的一种梦想，因国内他族久已同化于我汉族，我应将民族主义以对满洲，满洲既夷，蒙古

---

[1] 梁启超：《政治学大家伯伦知理之学说》,《饮冰室文集》之十三,《饮冰室合集》第 2 册，第 75 页。

随而倾服，是时以我民族居于主人之位，而吸取之、同化之，乃属易易之事，所以排满"非狭隘的民族复仇主义"，而是"劝我民族自审民族同化公例上之位置以求自处也"。[1] 也就是说，排满是当务之急，最要紧的是推翻满族统治，现在就放弃排满，讲求"大民族主义"，是一种梦想。实际上，从后来革命派实行"五族共和"民族思想的情形来看，梁启超的"大民族主义"绝非梦呓，而是有现实依据的，并非不合情理。

总之，在立宪与革命、保皇与共和激烈交锋的清末，中国知识精英的民族认同并非全然一致。梁启超提出并使用"中华民族"概念，实际意味着他倾向于"大民族主义"的民族国家建构；而革命派人士力主"排满建国"，所认同并欲建立的是单一的汉民族国家。双方各抒己见，互有交锋，在各自的认同之路上前行，尚未交集并形成共识。

---

[1] 汪精卫:《民族的国民》,《民报》1905 年第 1 号。

（四）

对于"中华民族"以及相应的"大民族主义"民族国家建构，各种政治力量形成认同共识，基本是在辛亥革命后中华民国的建立与发展时期。其间革命领袖孙中山的中华民族观发挥着至关重要的作用。

1912年中华民国的建立，为辛亥革命前已经萌生的中华民族观念的广泛流传，提供了广阔的舞台，为国内各民族的平等融合与整体化趋势发展提供了可能性。民族问题是中华民国建立后临时政府面临的重要课题之一。形势的变化，自然使得孙中山抛弃了排满的民族革命任务，他立即接受了"中华民族"概念，并以官方正式文件对外公布，这就是1912年1月5日他作为中华民国临时大总统发布的《对外宣言书》。《对外宣言书》称："今幸义旗轩举，大局垂定，吾中华民国全体，用敢以推倒满清专制政府、建设共和民国，布告于我诸友邦。……盖吾中华民族和平守法，根于天性，非出于自卫之不得已，决不肯轻启战争。"[1] 与此同时，孙中山接受"五族共和"思想作为处理国内民族关系的准则。所谓"五族共和"，就是"合全国人民，无分汉、满、蒙、回、藏，相与共享人类之幸福"，民族统一是它的基本原则。不仅如此，"五族共和"思想也十分有助于"中华民族"观念的流行与推广。孙中山就反对泛泛而谈所谓"五族共和"，他要求以汉族为主体，积极团结国内各民族，组成一个大中华民族。[2]

　　"五族共和"外，"中华民国"国号的使用本身，就极大地增强了国人对"中华"一词所代表的中华民族共同体内涵的认同感与自觉归属感。人们开始有意识地用"中华"一词来命名各种事物，政党、团体、报刊、企业等都是如此，如"中华民国工党""中华革命党""中华职业教育促进社"《大中华》杂志"中华实业团""中华书局"等等，这都说明"中华"概念

---

[1]　孙中山:《对外宣言书》,《孙中山全集》第 2 卷，第 8 页。

[2]　孙中山说:"现在说五族共和，实在这五族的名词很不切当。我们国内何止五族呢？我的意思，应该把我们中国所有各民族融成一个中华民族；并且要把中华民族造成很文明的民族，然后民族主义乃为完了。"见孙中山:《在上海中国国民党本部会议的演说》,《孙中山全集》第 5 卷，第 394 页。

的逐渐流传与被接受。《中华民国临时约法》的规定，如第一章总纲第二条"中华民国之主权属于国民全体"、第三条"中华民国领土为二十二行省，内外蒙古、西藏、青海"，第二章第五条"中华民国人民一律平等，无种族、阶级、宗教之区别"，等等，使得中华民族共同体的继续发展有了法律上的保护，至少实现了法律上平等的联合。如此的制度保障，有助于固化思想观念，自然也非常有利于"中华民族"观念的深入人心，使其渐被广泛接受。

1919年五四运动后，是孙中山谈论"中华民族"最为集中的时期。他说："建设一为民所有、为民所治、为民所享之国家，以贻留我中华民族子孙万年之业，庶几今日乃有可庆祝之价值也。"[1] 即建设一个"为民所有、为民所治、为民所享"的国家，是为了给中华民族保留万年基业。民族国家认同与中华民族认同的一致性于此充分显露出来。他还强调，"中华民族者，世界最古之民族，世界最大之民族，亦世界最文明而最大同化力之民族也。……夫汉族光复，满清倾覆，

[1] 孙中山：《八年今日》，《孙中山全集》第5卷，第132页。

不过只达到民族主义之一消极目的而已，从此当努力猛进，以达民族主义之积极目的也。积极目的为何？即汉族当牺牲其血统、历史与夫自尊自大之名称，而与满、蒙、回、藏之人民相见于诚，合为一炉而冶之，以成一中华民族之新主义"。[1] 这样的言论，表明他的民族观已跨越"五族共和"阶段，且已摒弃大汉族主义遗存，确立起现代意义上的中华民族观。所以如此，五四运动的巨大冲击，是关键因素。第一次世界大战后，帝国主义列强在巴黎和会上对中国人民合理要求的漠视与蛮横态度，不仅激发起五四爱国运动，而且也刺激了一直对帝国主义抱有某种幻想的孙中山。他意识到帝国主义就是整个中华民族共同的敌人，开始抛弃对帝国主义的幻想，而五四运动中学生与各界民众所显示的巨大力量，则使他看到了全民族的希望所在。这样他的民族思想由早期狭隘的种族革命、局限在国内民族革命而转变为明确反帝、具有整体对外性质的反民族压迫的革命，这也正是其"中华民族"观完善及确立的明显标志与最大特色。1923年1月23日，

---

[1]　孙中山:《三民主义》,《孙中山全集》第5卷，第186—187页。

孙中山在《国民政府建国大纲》中规定了民族主义的任务："对于国内之弱小民族，政府当扶植之，使之能自决自立。对于国外之侵略强权，政府当抵御之，并同时修改各国条约，以恢复我国际平等，国家独立。"[1] 这是孙中山首次完整地提出在国内实行民族平等、民族自决，在国际反对强权和争取国家独立的民族主义主张，更为重要的是孙中山明确地把反帝放在民族主义的首要位置。

孙中山中华民族观的最后演化，集中归结为他在《中国国民党第一次全国代表大会宣言》中对民族主义的重新解释，即对外主张"中国民族自求解放"，"免除帝国主义之侵略"；对内主张"中国境内各民族一律平等"。有学者把它提炼为"民族自决"思想。民族自决是列宁与美国总统威尔逊都曾主张的原则，孙中山的民族自决理论同时吸收了两人的观点。"民族自决"原则不仅完全体现了民族平等思想，而且告别了民族同化政策，是孙中山中华民族观的一个飞跃。

与孙中山中华民族观的演进同步，五四运动时期

[1] 孙中山：《国民政府建国大纲》，《孙中山选集》，人民出版社 1981 年版，第 601 页。

及其后，中华民族一体化观念在社会各界也处于广泛传播阶段。各种政治、社会力量，各行各业的人，乃至少数民族中的中坚力量，都将"中华民族"概念贯穿于言论和行动中，表明大家一致认同"中华民族"是生活在中国领土上所有民族的统一族称。

除观念层面外，中华民国的建立，在体制上确立了民族国家的架构，也有助于中华民族认同的实现。同盟会成立时，孙中山曾对"创立民国"政纲有过解释，说："今者由平民革命以建国民政府，凡为国民皆平等以有参政权。大总统由国民公举。议会以国民公举之议员构成之。制定中华民国宪法，人人共守。敢有帝制自为者，天下共击之！"[1] 即他所要建立的民国，是完全否定君权，实行民主共和制度，设议会、行宪法，总统由国民选举产生的国家，这样的国家就是近代民族国家。中华民国的建立，亚洲第一个民主共和国的出现，可以说在制度层面实现了孙中山的国家理想。作为中华民国临时大总统，孙中山在就职宣言中又强调："国家之本，在于人民。合汉、满、蒙、回、

[1] 孙中山：《中国同盟会革命方略》，《孙中山全集》第 1 卷，第 297 页。

藏诸地为一国，即合汉、满、蒙、回、藏诸族为一人。是曰民族之统一。武汉首义，十数行省先后独立。所谓独立，对于清廷为脱离，对于各省为联合，蒙古、西藏意亦同此。行动既一，决无歧趋，枢机成于中央，斯经纬周于四至。是曰领土之统一。"[1] 民族统一、领土统一，是近代民族国家必有之义。所以，无论在政权、主权层面，还是在人民、土地层面，中华民国的建立，都为近代民族国家认同奠定了制度基础，同样也为中华民族认同奠定了制度基础。有了这样的制度基础，整个民国年间，尽管历史颇有波折，但中华民族认同却从未动摇过。

总之，辛亥革命前后，是中华民族认同的关键时期。作为一个"政治民族"概念，"中华民族"是在民族危机达于顶点之时出现的，但其背后依托的则为中国悠久历史所传承下来的华夏文化认同理念，"文化民族"认同是中华民族认同的根基。由于政治主张的差异，辛亥革命前"中华民族"并未得到普遍认可。直到辛亥革命后中华民国建立，政治形势发生了根本

---

[1] 孙中山：《临时大总统宣言书》，《孙中山全集》第2卷，第2页。

变化，才使得民族认同和国家认同统一起来，中华民族认同和中国民族国家认同相一致，中华民族认同终得实现。

参考文献

［1］ 司马迁:《史记》卷四《周本纪》,中华书局 1982 年版。

［2］ 邢义田:《天下一家——中国人的天下观》,刘岱总主编:《中国文化新论·根源篇》,台北联经出版公司 1983 年版。

［3］ 于省吾:《释中国》,中华书局编辑部编:《中华学术论文集》,中华书局 1981 年版。

［4］ 王尔敏:《"中国"名称溯源及其近代诠释》,《中国近代思想史论》,社会科学文献出版社 2003 年版。

［5］《春秋公羊传注疏》,阮元校刻:《十三经注疏》下册,中华书局 1980 年版。

［6］《国语》卷十六《郑语》,上海古籍出版社 1998 年版。

[7] 罗志田:《先秦的五服制与古代的天下中国观》，《学人》第 10 辑，江苏文艺出版社 1996 年版。

[8] 《周礼注疏》，阮元校刻:《十三经注疏》上册，中华书局 1980 年版。

[9] 姚大力:《中国历史上的民族关系与国家认同》，《中国学术》第 12 辑，商务印书馆 2002 年版。

[10] 葛兆光:《宅兹中国——重建有关"中国"的历史论述》，中华书局 2011 年版。

[11] 黄遵宪:《日本国志》，上海古籍出版社 2001 年版。

[12] 《孟子》，陈成国点校:《四书五经》，岳麓书社 2002 年版。

[13] 杨念群:《何处是"江南"？:清朝正统观的确立与士林精神世界的变异》，生活·读书·新知三联书店 2010 年版。

[14] 〔日〕川岛真:《从天朝到中国——清末外交文书中"天朝"和"中国"的使用》，《近代中国的国家形象与国家认同》，上海古籍出版社 2003 年版。

[15] 顾炎武:《日知录》，黄汝成集释:《日知录集释》，

花山文艺出版社 1990 年版。

[16] 潘博:《国粹学报叙》,《国粹学报》1905 年第 1 期。

[17] 〔法〕佩雷菲特:《停滞的帝国——两个世界的撞击》,生活·读书·新知三联书店 1993 年版。

[18] 魏源:《海国图志》,《魏源全集》第 4 册,岳麓书社 2004 年版。

[19] 《中英天津条约》,《筹办夷务始末(咸丰朝)》(三),中华书局 1979 年版。

[20] 王韬:《弢园文录外编》,中州古籍出版社 1998 年版。

[21] 洪仁玕:《资政新篇》,"中国近代史资料丛刊"《太平天国》第 2 册,上海人民出版社 1957 年版。

[22] 薛福成:《出使英法义比四国日记》,岳麓书社 1985 年版。

[23] 《郭嵩焘日记》第 3 卷,湖南人民出版社 1982 年版。

[24] 郑观应:《易言》,《郑观应集》上册,上海人民出版社 1982 年版。

[25] 刘禾:《帝国的话语政治:从近代中西冲突看现代世界秩序的形成》,生活·读书·新知三联

书店 2009 年版。

[26] 方维规:《"夷"、"洋"、"西"、"外"及其相关概念:
晚清译词从"夷人"到"外国人"的转换》,〔德〕
朗宓榭等著,赵兴胜等译:《新词语新概念:西
学译介与晚清汉语词汇之变迁》,山东画报出
版社 2012 年版。

[27] 王尔敏:《十九世纪中国国际观念之演变》,《中
国近代思想史论续集》,社会科学文献出版社
2005 年版。

[28] 梁启超:《饮冰室合集》第 6 册,中华书局 1936
年版,1989 年影印。

[29] 康有为:《上清帝第二书》,姜义华、张荣华编
校:《康有为全集》第 2 集,中国人民大学出版
社 2007 年版。

[30] 李华兴等:《索我理想之中华:中国近代国家观
念的形成与发展》,安徽教育出版社 2005 年版。

[31] 康有为:《保国会章程》,姜义华、张荣华编校:
《康有为全集》第 4 集,中国人民大学出版社
2007 年版。

[32] 梁启超:《饮冰室合集》第 1 册,中华书局 1936

年版，1989年影印。

［33］ 章太炎:《中华民国解》,《章太炎全集》(四),
上海人民出版社1985年版。

［34］ 〔美〕列文森著，郑大华等译:《儒教中国及其
现代命运》,中国社会科学出版社2000年版。

［35］ 罗志田:《天下与世界:清末士人关于人类社会
认知的转变——侧重梁启超的观念》,《中国社
会科学》2007年第5期。

［36］ 许小青:《1903年前后新式知识分子的主权意
识与民族国家认同》,《辛亥革命与二十世纪的
中国》(中),中央文献出版社2002年版。

［37］ 余一:《民族主义论》,《浙江潮》1903年第1期。

［38］ 邓实:《政治通论外篇·帝国主义》,《政艺通报》
1902年壬寅第5期。

［39］《国家学上之支那民族观》,《游学译编》1903
年第11册。

［40］ 汉驹:《新政府之建设》,《江苏》1903年第5期。

［41］ 韦裔(刘师培):《辨满人非中国之臣民》,《民报》
1907年第14、15、18号。

［42］ 刘师培著，钱玄同等编:《刘申叔先生遗书》,

民国二十五年（1936 年）宁武南氏排印本，江苏古籍出版社 1997 年重印。

［43］ 康有为：《答南北美洲诸华商论中国只可行立宪不能行革命书》，姜义华、张荣华编校：《康有为全集》第 6 集，中国人民大学出版社 2007 年版。

［44］ 梁启超：《饮冰室合集》第 2 册，中华书局 1936 年版，1989 年影印。

［45］ 陈独秀：《说国家》，《安徽俗话报》1904 年第 5 期；《陈独秀著作选》第 1 卷，上海人民出版社 1993 年版。

［46］ 芙峰：《叙德俄英法条约所载"高权"及"管辖权"之评论因及"舟山条约"之感慨》，《浙江潮》1903 年第 2 期。

［47］《中国灭亡论》，《国民报》1901 年 6 月 10 日第 2 期。

［48］ 陈独秀：《亡国篇》，《安徽俗话报》1904 年第 15 期；《陈独秀著作选》第 1 卷，上海人民出版社 1993 年版。

［49］ 孙中山：《孙中山全集》第 1 卷，中华书局 1981 年版。

〔50〕 孙中山:《孙中山全集》第 2 卷, 中华书局 1982 年版。

〔51〕《春秋左传》, 陈成国点校:《四书五经》, 岳麓书社 2002 年版。

〔52〕 王缉思:《民族与民族主义》,《欧洲》1993 年第 5 期。

〔53〕《春秋公羊传》, 陈成国点校:《四书五经》, 岳麓书社 2002 年版。

〔54〕 孙中山:《孙中山全集》第 5 卷, 中华书局 1985 年版。

〔55〕 茹莹:《汉语"民族"一词在我国的最早出现》,《世界民族》2001 年第 6 期。

〔56〕 陶绪:《晚清民族主义思潮》, 人民出版社 1995 年版。

〔57〕 刘光汉:《致端方书》, 万仕国辑校:《刘申叔遗书补遗》上册, 广陵书社 2008 年版。

〔58〕〔美〕本尼迪克特·安德森著, 吴叡人译:《想象的共同体: 民族主义的起源与散布》, 上海人民出版社 2003 年版。

〔59〕《现代汉语词典》, 商务印书馆 1981 年版。

〔60〕 宁骚:《民族与国家——民族关系与民族政策的

国际比较》，北京大学出版社 1995 年版。

［61］ 石元康：《民族与民族自决》，《从中国文化到现代性：典范转移？》，生活·读书·新知三联书店 2000 年版。

［62］ 陈连开：《中华民族解》，《中华民族研究初探》，知识出版社 1994 年版。

［63］ 费孝通：《中华民族的多元一体格局》，中央民族学院出版社 1989 年版。

［64］ 黄兴涛：《"民族"一词究竟何时在中文里出现？》，《浙江学刊》2002 年第 1 期。

［65］《时务报》光绪二十三年九月初一日（1897 年 9 月 26 日）。

［66］ 张菊玲：《清代满族作家文学概论》，中央民族学院出版社 1990 年版。

［67］ 林家有：《辛亥革命与中华民族自觉实体的形成》，郑大华、邹小站主编：《辛亥革命与清末民初思想》（"中国近代思想史研究集刊"第 9 辑），社会科学文献出版社 2012 年版。

［68］ 伍廷芳：《外国人在中国不受欢迎的原因》，丁贤俊、喻作凤编：《伍廷芳集》上册，中华书局

1993 年版。

[69] 黄兴涛:《"中华民族"观念萌生与形成的历史
考察：兼论辛亥革命与中华民族认同之关系》，
《辛亥革命与二十世纪的中国》(中)，中央文献
出版社 2002 年版。

[70] 中国之新民（梁启超）:《历史上中国民族之观
察》,《新民丛报》第 3 年第 17 号。

[71] 杨度:《金铁主义说》, 刘晴波主编:《杨度集》,
湖南人民出版社 1986 年版。

[72] 故宫博物院明清档案部编:《清末筹备立宪档案
史料》下册，中华书局 1979 年版。

[73] 乌泽声:《论开国会之利》,《大同报》第 4 号。

[74] 太平洋客（欧榘甲）:《新广东》, 张枏、王忍之编:
《辛亥革命前十年间时论选集》第 1 卷, 生活·读
书·新知三联书店 1960 年版。

[75] 刘师培:《黄帝纪年说》, 李妙根编:《刘师培辛亥
前文选》, 生活·读书·新知三联书店 1998 年版。

[76] 汪精卫:《民族的国民》,《民报》1905 年第 1 号。

[77] 孙中山:《国民政府建国大纲》,《孙中山选集》,
人民出版社 1981 年版。